Almuth Bartl

Die schönsten Lernspiele für Kinder

Das Beschäftigungsbuch für Kinder
von vier bis acht Jahren

Zahlen- und Buchstabenspiele

Denksport und Gedächtnistraining

Basteln und gestalten

Inhalt

Vorwort

Geht es Ihnen auch so, liebe Eltern, dass Sie sich manchmal Sorgen machen, ob Ihr Kind genügend gelernt hat, um die Anforderungen im Leben meistern zu können? Ob Sie bei der ein oder anderen schlechten Schulnote vielleicht doch zu nachsichtig waren?

Auf der anderen Seite wünschen Sie Ihrem Kind natürlich eine unbeschwerte Kindheit. Nachmittage im Garten toben, stundenlang mit Legosteinen Städte bauen, Bilder malen ohne Angst vor Wertung und in Wettkampfspielen auch mal verlieren – allein diese Spielsituationen motivieren Ihr Kind, völlig unbefangen seine kognitiven und körperlichen Fähigkeiten zu verbessern. Was liegt also näher, als beides, Spielen und Lernen durch »Lernspiele«, gezielt miteinander zu verbinden?

Besonders am Herzen lag uns dabei, dass die in diesem Buch vorgestellten Lernspiele mit ganz einfachen Mitteln oder nach simplen Regeln funktionieren, dass sie also nicht mit einem pädagogischen Anspruch daherkommen, den die Kinder sofort durchschauen. Natürlich kommt es darauf an, wie die Spiele präsentiert werden. Vertrauen Sie darauf, liebe Eltern, dass Lernen auch in einer entspannten, vergnügten Atmosphäre geschehen kann und nicht alles immer so ernst sein muss. Spielen Sie mit. Kinder amüsieren sich köstlich, wenn Erwachsene beim Spiel verlieren, und Sie können sicher sein, dass dieses Spiel und damit auch die Übung im Gedächtnis haften bleibt.

Zur schnelleren Orientierung ist jedes Spiel mit folgenden Piktogrammen erläutert:

Kinder, die spielen, vergessen die Welt. Hingebungsvoll vertieft sind ihnen irgendwelche Bewertungskriterien gänzlich gleichgültig. Sie gehen in der Tätigkeit auf und erproben und üben dabei ganz unverkrampft Fähigkeiten, die sie im Alltag und in der Schule brauchen können.

Spiele im Haus	Spiele im Freien	Spiele auf Reisen	Spiele für ein Kind	Spiele in Gruppen

Spiele zu zweit | Spiele ohne Materialien | Spiele mit Materialien | Spiele mit Würfeln | Spiele, bei denen gebastelt wird

Damit Sie wissen, welche Bereiche besonders gefördert werden, gibt es zu jedem Kapitel eine kleine Einführung. Dies ist besonders dann hilfreich, wenn leichte Lernschwächen, beispielsweise Probleme mit Zahlen oder Ungeschicklichkeiten motorischer Art, gezielt angegangen werden sollen.

Im Spiel vergisst das Kind etwaige Misserfolge und damit verbunden vielleicht Demütigungen, die es aufgrund seiner Schwächen bereits erfahren hat. Auf diese Weise werden eventuell vorhandene Defizite nicht nur reduziert, sondern vor allem wird auch das Selbstbewusstsein gestärkt, ein Grundstein für erfolgreiches Lernen.

Und noch ein Rat: Dehnen Sie die – vor allem komplizierteren – Spiele nicht allzu lange aus. In der Regel können sich sechs- bis siebenjährige Kinder etwa eine halbe Stunde, sieben- bis neunjährige Kinder knapp eine Stunde und neun- bis elfjährige Kinder höchstens eineinhalb Stunden gut konzentrieren. Wird länger gespielt, besteht die Gefahr, dass die Kinder verlieren, kein Erfolgserlebnis haben, enttäuscht sind und am Ende das Spiel ablehnen.

Auch die vergnüglichsten Lernspiele sollten irgendwann ein Ende haben, damit sich die Kleinen beim Träumen, Trödeln und In-die-Luft-Starren so richtig erholen können. Denn Lernen ist anstrengend. Arbeitsbedingungen und Intensität in der Schule unterscheiden sich Fachleuten zufolge nicht wesentlich von der Büroarbeit der Erwachsenen. Da sind Pausen wichtig.

Erste Zahlenspiele

Mit den ersten Zahlenspielen begegnen Vor- und Grundschulkinder der Welt der Zahlen. Mit etwa drei Jahren beginnt ein Kind, Zusammenhänge zu erkennen. Allerdings ist diese Logik oft nur für das Kind und nicht für den Erwachsenen verständlich, denn wirklich abstrakt denken kann es noch nicht. In der Regel entwickeln Kinder ab dem fünften Lebensjahr eine Vorstellung, was Zahlen bedeuten. Allerdings können sie meist nur mit den Zahlen von 1–5 richtig umgehen, auch wenn sie es schon schaffen, bis 20 zu zählen.

Zahlen sind ein spannendes Phänomen und regen zu Experimenten an. Und sie lassen sich mit allen Bereichen des Lebens in Verbindung bringen: Spielzeugautos und Bananen, Karussellfahrten, Tage, Monate und Jahre. Die Welt lässt sich mit der Möglichkeit, zu zählen und zu rechnen, noch besser in den Griff bekommen. Rechnen können heißt auch Macht haben und gestalten können, das verstehen Kinder sehr schnell. Sie können sich statt einer zwei Tafeln Schokolade wünschen und möchten gern wissen, wie viele von den kleinen, runden Metallplättchen nötig sind, um den Teddybären mit dem weichen braunen Fell im Geschäft zu bekommen oder wie lange es noch dauert, bis sie bei der Oma sind.

Wenn Kinder mit Zahlen spielen, steigern sie ihre Fähigkeit, sich konzentriert und in Ruhe eine Zeit lang mit einem Problem zu befassen und lösungsorientiert zu denken, sie verbessern ihre Rechenfertigkeit und Rechensicherheit, und viele, die in der Schule Probleme mit der Mathematik haben, verlieren gerade durch Zahlenspiele ihre Scheu, verstehen plötzlich die Spiel-Regeln und haben Spaß daran. Auf diese Weise stellen sich Erfolge ein, die sie weiter motivieren.

Kaum ein anderes Gebiet eignet sich besser für Lernspiele als die Mathematik. Deshalb finden Zahlenspiele auch im Schulunterricht immer mehr Anhänger. Anstatt einsam trockene Rechenaufgaben im Heft zu lösen, oder stundenlang das kleine und große Einmaleins unter elterlicher Aufsicht zu büffeln, gibt es Zahlenduelle mit anderen, wird um die Wette gewürfelt und ein Regenbogen in seinen schönsten Farben gezeichnet. Da machen alle gern mit. Auf den folgenden Seiten finden Kinder und Eltern eine Auswahl der schönsten Lernspiele mit großen und kleinen Zahlen.

Eierschachtelmathematik

In eine Eierschachtel wird in jede Mulde in beliebiger Reihenfolge eine Zahl von 1–10 eingetragen, z.B.

Ein Spiel mit leeren Eierschachteln.

Nun werden zwei Steinchen in den Karton gelegt, und der Deckel wird geschlossen. Dann schüttelt man kräftig, öffnet die Schachtel und erhält eine Additionsaufgabe. Die beiden Zahlen, auf denen die Steinchen liegen bleiben, werden zusammengezählt, z.B. 8 + 3 = 11.

Materialien
Eierschachtel für 10 Eier, Filzstift, 2 Steinchen oder Murmeln oder Erbsen

● Tip: Auf die gleiche Weise kann ein Grundschüler später das kleine Einmaleins üben.

Papagei

Erstes Zählen, ohne dabei Zahlen zu nennen, geht so: Der Erwachsene klatscht z.B. viermal in die Hände. Das Kind ist der Papagei, muss also gut aufpassen und dann genauso oft in die Hände klatschen. So geht das einige Male, bis dann die Rollen getauscht werden, das Kind vorklatscht und höllisch aufpasst, dass der Erwachsene als Papagei richtig antwortet. Statt des Klatschens gelten natürlich auch andere Geräusche, wie Schnalzen, Stampfen, Räuspern, Piepsen oder Quaken.

Mehr, weniger, gleich viel – ein klebriges Würfelspiel

Dies ist ein allererstes Mathematikspiel, bei dem das Kind schnell lernt, verschiedene Punktmengen miteinander zu vergleichen und die Begriffe: »mehr«, »weniger«, »gleich viel« anzuwenden.

Damit es keine Verwechslungen gibt, ist es sinnvoll, mit zwei verschiedenfarbigen Würfeln zu spielen.

Erst ist der kleine Spieler an der Reihe zu würfeln. Er lässt seinen Würfel auf dem Tisch liegen und wartet auf das Würfelergebnis des großen Spielers. Nun wird die Anzahl der Würfelpunkte verglichen. Dabei ist es nicht nötig, die Zahl zu nennen. Der Erwachsene gibt bei den ersten Runden das Ergebnis vor, z.B. gewürfelt wurden 2 und 4: »Dein Würfel hat mehr Punkte als meiner, du hast gewonnen.« Dann klebt er dem Kind einen Klebepunkt auf die Hand. So wird weitergespielt und der Punktevergleich mehr und mehr dem Kind überlassen. Sobald ein Spieler sechs Klebepunkte hat, werden auch diese Punkte auf den Händen der Spieler verglichen, und so wird der Sieger festgestellt. Der bekommt dann einen kleinen Siegerpreis.

Würfel lassen sich aus Ton, Salzteig oder Knetmasse leicht selbst herstellen. Oder Sie spielen mit großen Würfeln aus Kunststoff. Dann bewegt sich nicht nur der Kopf, sondern auch die Arme und Beine.

Materialien
2 verschiedenfarbige Würfel, Klebepunkte

● Tip: Lottozahlen
Erstklässler beherrschen oftmals schon den Zahlenraum bis 50. Lassen Sie sich das nächste Mal von Ihrem Kind die Lottozahlen diktieren. Das Kind wird sich ungeheuer aufgeweckt fühlen und mit großem Selbstbewusstsein, höchster Konzentration und Ernsthaftigkeit die Zahlen nennen (die Zahlen kleiner als 50 wiederholen), und wer weiß, vielleicht haben Sie ja gerade dieses Mal Glück ...

Wir rechnen mit Anfasszahlen

Das Kind zieht mit geschlossenen Augen eine Zahl aus einem Körbchen, tastet sie ab und rät, um welche Zahl es sich handelt. Oder es zieht zwei Zahlen, nennt sie und zählt sie zusammen oder zieht sie voneinander ab.

In der nächsten Runde zieht es eine Zahl, z.B. 5, nennt die Zahl und deren Nachbarzahlen, in unserem Fall also 4 und 6.

Wenn das Kind zwei Zahlen gezogen hat, legt es sie in der Reihenfolge, wie sie gezogen wurden, nebeneinander und sagt z.B. $4 < 9$ (»Vier ist kleiner als neun«) oder $8 > 1$ (»Acht ist größer als eins«).

Es kann auch die erste Zahl als Zehnerzahl, die zweite als Einerzahl nehmen und die so entstandene zweistellige Zahl, z.B. 81, nennen.

Zu einer kleinen Additionsübung kommt es, wenn die Zahlen so geordnet werden, dass immer zwei oder drei nebeneinander liegende Zahlen 10 ergeben; also: 1 und 9, 8 und 2, 3 und 2 und 5 usw.

Gerade und ungerade Zahlen werden aussortiert.

Oder: Die Zahlenreihe von 1–9 bzw. rückwärts von 9–1 wird auf dem Tisch ausgelegt.

Hier sind beide Spielpartner gefordert: Der eine nimmt heimlich eine Zahl aus dem Karton. Der andere betrachtet die übrigen Zahlen und gibt an, welche fehlt. Nach einer Weile werden die Rollen getauscht. So entsteht ein schöner Zimmerschmuck: Die Zahlen werden auf weißes Papier gelegt und mit bunten Stiften umfahren. Viele Zahlenränder ergeben am Schluss ein buntes Zahlenbild, das an einem ganz besonderen Platz aufgehängt wird.

Materialien
Zahlen von 1–9 aus Plastik, Holz oder Pappe (selbst ausschneiden!), 1 Karton oder Körbchen, Farbstifte, Zeichenblatt

Gerade – ungerade

Dies ist ein Spiel für lange Sommertage am Strand. Im feuchten Sand wird eine Kuhle ausgehoben, ungefähr so groß wie eine Tasse. Spieler A und Spieler B stellen sich fünf Schritte von der Kuhle entfernt nebeneinander. Auf »Los!« werfen beide je fünf Murmeln gleichzeitig. Dann zählen sie nach, wie viele Murmeln in der Kuhle gelandet sind. Ist die Anzahl gerade, so hat Spieler A gewonnen, ist sie ungerade, Spieler B.

Materialien
10 Murmeln, kleine Schaufel

Damit die Nachmittage am Strand nicht langweilig werden.

Wir würfeln einen Regenbogen

Jeder Spieler erhält ein Blatt, auf dem ein Würfelregenbogen nach dem folgenden Schema gezeichnet ist. Nun darf jeder Spieler mit zwei Würfeln gleichzeitig würfeln und entweder zwei oder ein Regenbogenfeld ausmalen.

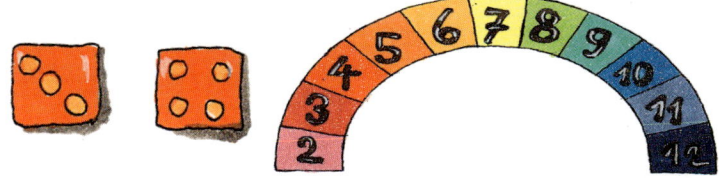

Beispiel: Das Kind würfelt 3 und 4. Es darf jetzt entweder das Feld 3 und das Feld 4 ausmalen, oder es zählt die Zahlen zusammen (3 + 4 = 7) und malt das Feld 7 aus, wenn 3 und 4 schon ausgemalt sind. So wird weitergespielt, bis ein Spieler alle Felder seines Regenbogens ausgemalt und damit das Spiel gewonnen hat.

Hier darf nach Herzenslust gemalt werden.

Materialien
Zeichenblätter, Buntstifte, 2 Würfel

Das 50-Pfennig-Spiel

Ein Spieler nimmt von den 50 Pfennigen eine Handvoll ab, gibt sie einem anderen in die Hand und lässt ihn schätzen, wie viele Pfennige das wohl sind. Sagt der Spieler z.B.: 26 Pfennige, und sind es tatsächlich 24 (und wir zählen da sehr genau!), werden diesem Spieler zwei Punkte, also die Differenz zwischen geschätzter und tatsächlicher Anzahl, aufgeschrieben. Wer zuerst 20 Minuspunkte auf seinem Konto hat, gratuliert dem anderen zum Sieg.

Materialien
50 einzelne Pfennigstücke, Notizpapier, 1 Stift

Adventskalender, die auch nach dem 24. Dezember noch Spaß machen.

● Tip: Zahlen lernen im Advent
Ein Adventskalender eignet sich prima, die Zahlen von 1–24 kennen zu lernen und die richtige Reihenfolge einzuhalten. Achten Sie darauf, dass die Türchen beim Öffnen nicht kaputtgehen! Schließen Sie z.B. am 12. Dezember alle bereits geöffneten Türchen wieder, und lassen Sie sie vom Kind nach Vorgabe wieder öffnen, also z.B. die Nummer 10, die Nummer 4 usw., oder ein anderes Mal in der richtigen Zahlenreihenfolge von 1–12. Übrigens macht das Zahlenlernen auf diese Weise nicht nur im Advent Spaß! Heben Sie also alte Adventskalender auf.

Zahlenduell

Beide Spieler erhalten je zehn Zettelchen mit den Zahlen von 1–10. Damit es keine Verwechslungen gibt, ist es gut, die Zettel mit zwei verschiedenfarbigen Stiften zu beschriften. Nun sucht sich jeder Spieler ein beliebiges Zettelchen aus, aber so, dass es der Partner nicht sehen kann. Auf ein Zeichen hin zeigt jeder seine Zahl vor. Wer die höhere hat, bekommt das Zettelchen vom Partner und legt beide auf die Seite. So wird weitergespielt, bis alle Zahlenzettel vergeben sind. Am Schluss zählt jeder die erbeuteten Zettel, und wer weniger hat, gratuliert dem Partner zum Sieg.

Zeigen einmal beide Spieler die gleiche Zahl, so werden diese Zettel auf den Tisch gelegt, und es entscheidet die nächste Runde. Wer jetzt die höhere Zahl vorzeigen kann, ist Sieger und darf nun alle vier Zahlenzettel in sein Depot einheimsen.

Materialien
Notizpapier, 2 Stifte in unterschiedlichen Farben

High-noon für kluge Köpfe

ohne Colt und Patronen.

Geldzählen im Dunkeln

In einem kleinen Säckchen befinden sich eine ganze Menge verschiedener Münzen. Einem Spieler werden die Augen verbunden. Er soll nun die Münzen abtasten und einen vorgegebenen Betrag, z.B. DM 2,18, möglichst schnell auf den Tisch legen, während der Spielleiter die Zeit stoppt. Wer kann die Aufgabe am schnellsten von allen lösen?

Materialien
Säckchen, viele verschiedene Geldstücke, Stoppuhr oder Uhr mit Sekundenzeiger

Erbsenlos glücklich

Alle Spieler sitzen um einen Tisch herum. Jeder bekommt als Grundeinsatz fünf Erbsen. Der erste Spieler beginnt, würfelt gleichzeitig mit zwei Würfeln und zählt die Augenzahlen zusammen.

Beispiel: 3 + 4 = 7

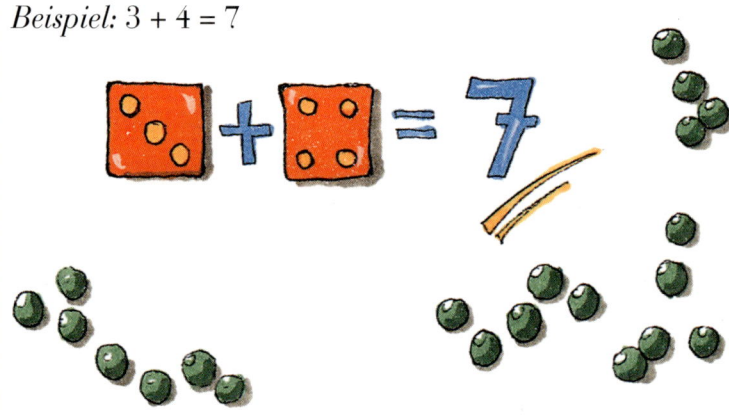

Wer ein Wasserglas randvoll mit getrockneten Erbsen und Wasser füllt, wird die Erbsen bald neben dem Glas herumkugeln sehen.

Nun darf der Reihe nach jeder Mitspieler einmal würfeln und rechnen. Ist die Runde dann zu Ende und haben alle ihre Zahl gewürfelt, werden die Ergebnisse verglichen, und derjenige darf eine Erbse »zahlen«, der das höchste Ergebnis hat. Wer das niedrigste Ergebnis gewürfelt hat, muss diese Erbse nehmen.
Würfeln zwei Spieler das gleiche höchste oder niedrigste Ergebnis, dürfen sie auch beide »zahlen« bzw. je eine Erbse des Siegers nehmen.
Gewonnen hat, wer als erster Spieler erbsenlos glücklich am Tisch sitzt.
Variation: Je älter die Kinder, desto größer die Anzahl der Spielwürfel.

Materialien
Erbsen oder Steinchen oder Pfennige

Rekorde

»Kannst du deine Schuhe binden, bevor ich von 1–20 gezählt habe?«
»Kannst du einen Bleistift spitzen, bevor ich von 20–1 rückwärts gezählt habe?«
Solche Rekorde machen Spaß und schulen das Zählvermögen, vorausgesetzt, das Kind zählt und der Mitspieler führt die Tätigkeit aus. Aber zur Not geht's natürlich auch andersrum, besonders in Situationen, bei denen einem Trödler ein bisschen nachgeholfen werden muss:
»Kannst du deinen Anorak zuknöpfen, bevor ich in Zehnerschritten von 10–100 gezählt habe?«
»Kannst du deinen zweiten Handschuh finden, bevor ich das große Einmaleins rückwärts aufgesagt habe?«
Der Phantasie sind keine Grenzen gesetzt.

Cooles Rechnen hilft, wenn's einmal wirklich schnell gehen soll.

Schaukelzeit

Nur eine Schaukel im Garten, aber eine Kinderschar, die schaukeln möchte? Kein Problem! Mit diesem Spiel wird das Abwechseln sogar zum Riesenspaß. Alle Kinder setzen sich außerhalb des Schaukelbereichs im Kreis auf den Boden. In der Kreismitte liegt eine Unterlage, auf der man würfeln kann. Abwechselnd darf jedes Kind einmal würfeln. Wer eine 6 würfelt, rennt zur Schaukel und darf so lange genussvoll schaukeln, bis ein anderes Kind eine 6 würfelt, »Stop!« ruft und den Schaukler ablöst. Der gesellt sich wieder zu den Würflern und hofft auf neues Würfelglück.
Natürlich kann dieses Spiel bei allen möglichen anderen Tätigkeiten für eine gerechte Abwechslung sorgen.

Materialien
Gartenschaukel, 1 Würfel, feste Unterlage zum Würfeln

Würfelglück

Abwechselnd darf jeder Spieler mit zwei Würfeln gleichzeitig würfeln. Nur die ungeraden Werte (1, 3, 5) werden zusammengezählt und als Pluspunkte für diesen Spieler addiert. Welcher Spieler hat nach fünf Würfelrunden die meisten Pluspunkte ergattert?

Variation 1: Es werden nur die geraden Werte in Pluspunkte umgewandelt.

Variation 2: Die geraden Werte gelten als Pluspunkte, die ungeraden als Minuspunkte. Z.B.: Bei dem Wurf 6 und 1 werden dem Spieler fünf Punkte gutgeschrieben (6–1 = 5).

Ein Spiel mit zwei Variationen.

Materialien
2 Würfel, Notizpapier, Stift

Einundzwanzig

Die Spieler sitzen um den Tisch herum. Der erste Spieler würfelt mit einem Würfel z.B. 4. Er nennt die Zahl und gibt den Würfel an seinen rechten Nachbarn weiter. Der würfelt ebenfalls, z.B. eine 6, und sagt: 4 + 6 = 10 und gibt den Würfel dem nächsten Spieler. So wird weitergewürfelt und zusammengezählt, bis die Summe die Zahl 21 überschreitet. Wer als Letzter in der Reihe die Zahl 21 direkt erreicht und genannt hat oder die Zahl, die der 21 am nächsten kommt, erhält einen Pluspunkt. Danach wird wieder von vorn gewürfelt und addiert.

Gespielt wird so lange, bis ein Spieler fünf Pluspunkte erzielt und damit das Spiel gewonnen hat.

Materialien
1 Würfel, Notizpapier, Stift

Superhirn

Auf einem Zettel notiert der Spieler selbst – oder nach Diktat des Kindes – fünf verschiedene Zahlen, z.B.: 3, 100, 15, 31, 4. Dann deutet der Erwachsene auf die Zahlen, liest sie vor – aber völlig falsch! Statt 3 liest er 6, statt 100 liest er 200 usw.

Das Kind soll möglichst schnell hinter das Prinzip kommen. In unserem Fall liest der Erwachsene also immer den doppelten Wert vor, er kann aber auch die jeweils kleinere Nachbarzahl vorlesen, also 2 statt 3 usw. Oder die jeweils um 2 (3, 4, …) größere Zahl wird vorgelesen, z.B. 5 statt 3, oder das Dreifache oder die Hälfte der angegebenen Zahlen. Vielleicht können die Rollen irgendwann auch getauscht werden.

Bitte erst mit Kindern ab sieben Jahren spielen. Kleinere Kinder können der Systematik noch nicht fogen.

Da heißt's gut zuhören und schnell kombinieren.

Materialien
Notizpapier und Stift

Zahlenlesen

Auch beim Zahlenlesen hilft nur: üben, üben, üben! Am lustigsten ist das auf einer Autofahrt. Anfangs liest das Kind nur die Zahlen auf dem Kennzeichen von Autos, hinter denen man herfährt oder die man überholt. Wer schon mehr Übung im Zahlenlesen hat, betätigt sich als »Blitzleser« und liest schließlich auch die Zahlen auf den entgegenkommenden Autos. Die Reisezeit vergeht dabei wie im Flug.

● Tip: Anfangs nur ein- und zweistellige Zahlen auf den Kennzeichen suchen und lesen lassen. Später dann durch drei- und vierstellige Zahlen das Spiel erweitern.

Autonummern sortieren

Dieses Spiel eignet sich für zwei »Autofahrer«. Einer sammelt alle geraden Autonummern, also diejenigen, deren letzte Ziffer eine 0, 2, 4, 6 oder 8 ist. Der Partner sammelt die ungeraden Zahlen. Wer zuerst zehn Autonummern seiner Sorte entdeckt hat, gewinnt das Spiel.

Größer – kleiner

Noch ein Zahlenspiel, das man prima auf langen Autofahrten spielen kann. Eine bestimmte Zahl, am besten die eigene Autonummer, wird vorgegeben, z.B. 705. Nun liest das Kind die Nummer eines anderen Autos vor, z.B. 935, und gibt an, ob diese Zahl größer oder kleiner als die Zahl auf dem Familienauto ist.

Mathequatsch im Wartezimmer

Wie viele Menschen sitzen im Wartezimmer? Wie viele Hände gibt es im Wartezimmer? Wie viele Blumen, Bilder, Türen, Stühle, Knöpfe …? Ganz besonders lustig wird's, wenn Sie ganz leise fragen: »Wie viele Papageien sind nötig, wenn auf jedem Kopf zwei sitzen sollen? Wie viele Regenwürmer wären hier, wenn jeder fünf in seiner Tasche hätte? Wenn der Doktor jedem, der hier wartet, 100 Gummibärchen schenken würde, wie viele bräuchte er dann?«

Schokoladezahlen

Auf Autofahrten werden Schokoladezahlen gesucht, also Zahlen, die eine Besonderheit aufweisen, wie z. B. 333 oder 5000 oder 1234 oder 1991 (das Geburtsjahr des Kindes) oder 7654 oder 1212 oder 4664 usw. Wichtig bei dem Spiel ist, dass das Kind die Zahl vorliest und angibt, was daran das Besondere ist. Jede entdeckte Schokoladezahl wird mit einem klitzekleinen Stück Schokolade oder einem anderen kleinen Preis belohnt.

Persönliche Rechenaufgaben

Rechnen macht Grundschulkindern gleich viel mehr Spaß, wenn es sich dabei um ein »persönliches Problem« handelt. Also z. B.: »Die Oma ist 56 Jahre, du bist 8 Jahre alt. Wie viel Jahre ist die Oma älter als du?« »Onkel Hermann ist genau 6-mal so alt wie du. Wie alt ist er?« »Papa wiegt 78 Kilogramm, Mama wiegt 70 Kilogramm und du wiegst 32 Kilogramm. Wie viel wiegen alle zusammen?«

Telefonnummernsuche

Mit Kindern ab der zweiten Grundschulklasse kann man zwischendurch als »Langeweilekiller« dieses Lernspiel ausprobieren: Der Erwachsene nennt den Namen eines Freundes, Verwandten oder Bekannten und bittet das Kind, die Telefonnummer dieser Person im Telefonbuch nachzusehen. Besonders viel Spaß macht es natürlich, wenn z. B. zwei Freunde mit je einem Telefonbuch die Nummern um die Wette heraussuchen.

Materialien
Telefonbuch

Ist doch logisch

»Mama, warum wäschst du die Kartoffeln? Mama, warum schälst du sie? Mama, warum musst du sie kochen?« Das berüchtigte Fragealter. Da wird nichts so einfach hingenommen, für alles muss es eine Erklärung geben. Kinder wollen wissen, woher etwas kommt, wie es beschaffen ist, warum damit so und nicht anders verfahren wird, weshalb es gerade die Farbe hat usw., manchmal zum Leidwesen der Eltern. Denn sie werden von den Kindern als Experten angesehen, die im Vergleich zu ihnen schon groß sind und deshalb alles wissen müssen.

Das kann manchmal ganz schön peinlich werden, wenn man Fragen, die ganz einfach erscheinen, nicht beantworten kann oder sie zumindest nicht in der Öffentlichkeit erörtern will. Dabei ist es lediglich das Bedürfnis, die Umwelt kennen zu lernen und zu verstehen. Es geht um Ursache und Wirkung. Wird ein Stein ins Wasser geworfen, bilden sich Ringe. Was geschieht, wenn man den Lichtschalter anknipst?

Dies sind die ersten Versuche des Kindes im Bereich logisches Handeln und Denken. Dabei lernt es sich selbst kennen, seine eigenen Kräfte und seine Möglichkeiten, etwas zu verursachen, in Bewegung zu setzen, aber auch dessen Folgen. Nur wenn ein Kind Vertrauen in die Effektivität seines Handelns bekommt, kann es an alle Herausforderungen des Lebens zuversichtlich herangehen. Es wird Spaß daran haben, Verantwortung zu übernehmen und für sich und andere etwas zu erreichen.

Die Welt besteht aus Zusammenhängen, und um das zu verstehen, muss ein Kind immer wieder ausprobieren, was geschieht, wenn es das oder jenes tut oder die Erwachsenen danach fragen.

Logik ist insbesondere für den späteren Erwerb mathematischer Fähigkeiten von Bedeutung. Da sollen Zahlen zueinander in Beziehung gesetzt, Reihenfolgen erkannt oder Mengenverhältnisse bestimmt werden.

Damit das gelingt oder vielleicht verbessert werden kann, werden in diesem Kapitel eine Reihe von Spielen angeboten, die das Kind zu strukturiertem Denken hinführen sollen, denn:
Wer den Überblick hat, hat den Durchblick!

Logische Reihen

Für dieses Spiel eignen sich Legosteine ganz prima,
man kann es aber auch mit anderem Kleinmaterial, wie
z.B. Erbsen, Bohnen, Pfennigstücken, Spielsteinen etc.,
durchführen.
Etwa fünf Steinchen oder Erbsen und Bohnen werden
jeweils in einer bestimmten logischen Folge ausgelegt,
beispielsweise nach Farben geordnet:

»Lego« kommt aus dem
Schwedischen und heißt
»spiel schön«.

Das Kind soll mit zwei weiteren Steinchen die Reihe
fortsetzen.
Danach darf es seinerseits eine logische Reihe vorgeben
und insgeheim hoffen, dass der Erwachsene nicht auf
den Dreh kommt.
So wird ganz unmerklich der Anspruch gesteigert.

Materialien
Legosteine, Erbsen, Bohnen, Geldstücke, Löffel, Gabeln
usw.

Familienkunde

Welche Farbe hat Tante Giselas Telefon? Wie heißt die
Katze von Omas Nachbarin? Was will der jüngste Sohn
von Papas Bruder von Beruf werden? (Die Formulierung
ist absichtlich etwas schwierig gewählt.) Welche Farbe
hat Onkel Hermanns neues Auto? Alle Familienmitglieder
stellen sich gegenseitig solche und ähnliche Fragen. Wer
die richtige Antwort nennt, darf die nächste (möglichst
komplizierte) Frage stellen.

Rätselhafte Verwandtschaft

Wie ist die Tochter meines Bruders mit meiner Mutter
verwandt? (Sie ist die Enkelin meiner Mutter.)
Carolins Vater ist der Sohn von Luise. Wie sind Carolin
und Luise verwandt? (Luise ist Carolins Großmutter.)
Wie ist der Sohn meiner Schwester mit meinem Bruder
verwandt? (Er ist der Neffe des Bruders.)
Natürlich benutzt man für dieses Rätselraten die eigenen
Verwandtschaftsverhältnisse und setzt auch die dem
Kind bekannten Namen ein.

Lego – logo

Das Kind bekommt viele Vierlegosteine in drei verschiedenen Farben, z. B. schwarz, weiß und rot, und soll nun
damit möglichst viele verschiedene Türmchen aus je drei
Steinen bauen, also z. B.:

Wichtig ist nur, dass keine gleiche Steinkombination
zweimal vorkommt.

Materialien
Legosteine

Heute werden viele Türmchen
aus Legosteinen gebaut.

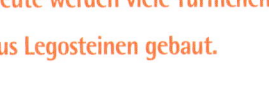

Unter den genannten Ober-
begriffen können die Gegenstände
auch von den Kindern
pantomimisch dargestellt werden.
Die anderen müssen raten.

Was gehört zusammen?

Auf dem Tisch liegen viele verschiedene Gegenstände,
z. B.: Möbel aus dem Puppenhaus, Früchte, Besteckteile,
usw. Das Kind soll diese Dinge in Gruppen ordnen.
Natürlich gelten nicht nur die genannten Oberbegriffe,
sondern auch andere Kategorien, wenn das Kind die
Dinge z. B. nach Farben, Größe, Material etc. sortiert.
Wer die Mühe nicht scheut, kann das Spiel ganz toll
durch Objektkarten erweitern. Dazu schneidet man
aus alten Illustrierten Bilder aus und klebt sie auf leere
Brief- oder Karteikarten. Nun können natürlich auch die
Kategorien erweitert werden, z. B.:

- Alles, was fliegt
- Fahrzeuge
- Tiere
- Dinge, die in eine Streichholzschachtel passen würden
- Werkzeuge
- Begriffe mit einem bestimmten Anfangsbuchstaben,
z. B. Bank, Blume, Bär, Buch …
- Alles, was auf Bäumen wächst
- Dinge, die aus dem gleichen Material sind:
Holz, Papier, Plastik, Metall usw.
- Gegenstände, die meist zusammen in Gebrauch sind:
Papier und Bleistift, Hammer und Nagel oder Zahnbürste
und Zahnpasta

Variation: Der Erwachsene bildet ebenfalls Gruppen,
macht aber jeweils einen Fehler, den das Kind dann
entdecken soll, z. B. legt er in die Gruppe der Tierbilder
ein Bild von einem Fahrrad usw.

Materialien
Spielzeug, handliche Gegenstände aus dem Haushalt,
alte Illustrierte, Karteikarten, Schere, Klebstoff

Rätselspaß

Ein Erwachsener oder die große Schwester/der große Bruder wählt einen bestimmten Gegenstand aus, der dem Kleinen gut bekannt ist, und kleidet den Begriff in ein Rätsel ein, wie z. B.:
»Du findest es im Badezimmer. Es riecht gut. Wenn du es unters Wasser hältst, wird es glitschig und fängt an zu schäumen. Hineinbeißen solltest du nicht!«
Wer gut zuhört und mitdenkt, kommt bestimmt schnell auf die richtige Lösung.

Variation: Der Spielpartner beschreibt z. B. die Tätigkeiten eines Bäckers, und das Kind nennt den entsprechenden Beruf.

Partnersuche

Auf dem Tisch liegen etwa zehn (später mehr) Dinge bereit, von denen immer zwei zueinander gehören, z. B.: Nadel und Faden, Papier und Bleistift, Schraube und Schraubenzieher, Messer und Gabel, Tasse und Teller, Pfeil und Bogen … Die Aufgabe der Mitspieler besteht nun darin, jeweils zwei zusammengehörige Dinge zu nennen und auch eine Begründung dafür abzugeben. Sollte ein Kind zwei »falsche« Gegenstände miteinander in Beziehung bringen, das aber auch begründen können, gilt das selbstverständlich ebenfalls. Das Messer und der Schraubenzieher können z. B. prima zusammenpassen, weil beide einen braunen Holzgriff haben, oder ein Tischtennisball und ein Blatt, weil beide durch die Luft fliegen.

Sag mir, wer braucht wen und warum?

Materialien
Handliche Gegenstände aus dem Haushalt

Dominoschlange

Aus Dominosteinen darf das Kind zuerst eine Schlange von jeweils fünf Dominosteinlängen bilden, z. B.:

Dann ist der erwachsene Spielpartner an der Reihe. Auch er legt eine Dominoschlange aus fünf (später noch mehr) Steinen, macht aber absichtlich einen Fehler, den das Kind dann aufspüren soll, z. B.:

FEHLER

Materialien
Dominosteine

● Tip: Bildergeschichten
Bildergeschichten, bestehend aus zwei bis sechs Einzel-
bildern, beispielsweise aus alten Schulbüchern, Kinder-
zeitschriften etc. ausschneiden, auf Bierdeckel kleben,
mischen und vom Kind in die richtige Reihenfolge bringen lassen.
Wichtig: Auch eine »falsche« Reihenfolge gelten lassen,
wenn das Kind einen logischen Ablauf in die Geschichte
bringen kann.
Lassen Sie das Kind zu den Bildern viel sprechen, und
verbessern Sie es dabei nicht!

Memory für Genies

Mitten in einer Mühle- oder Schachpartie wird das Kind aufgefordert, sich umzudrehen und die Augen fest zu schließen. Der Spielpartner verändert jetzt die Lage eines beliebigen Spielsteines. Das Kind darf sich wieder umdrehen und die Anordnung auf dem Spielbrett genau betrachten. Findet es den Unterschied?

Materialien
Mühle- oder Schachspiel

Einer fehlt

Auf einen Zettel werden die Zahlen von 1–10 (oder die Zahlen von 1–20 oder die Buchstaben aus dem Vornamen des Kindes etc.) kreuz und quer verteilt aufgeschrieben, aber eine fehlt! Welche das ist, soll das Kind jetzt ganz schnell herausbekommen und – wenn es das schon kann – ergänzen.

Materialien
Notizpapier, Stift

Größer oder kleiner?

Als »Biolineal« dient z.B. eine knackige Karotte. Dann kann das Spiel auch schon beginnen.
Was ist größer: der Teddy oder die Karotte?
Wie viele Karotten hoch ist der Gartenzaun?
Wer findet drei Dinge, die kleiner sind als die Karotte?

Materialien
Karotte, Banane, Kochlöffel, Büroklammern o. Ä.

Spaß mit Buchstaben und Wörtern

Bereits im fünften Lebensjahr verfügen Kinder über einen Wortschatz, der sie beispielsweise zu einfachen Reimspielen befähigt. Wörter lernen und Sprechen, so viel es geht, stehen im Vordergrund, auch wenn es manchmal seltsam anmutet, wenn etwas einfach nachgeplappert wird. Im Vorschulalter dann können Kinder komplexe Sätze bilden, die alle Wortarten enthalten, und sie miteinander kombinieren. Die Phantasie ist grenzenlos: Geschichten werden erfunden, Wörterketten gebildet und Sätze immer weiter verlängert.

Kinder sind jetzt begierig, lesen und schreiben zu lernen, insbesondere wenn sie ältere Geschwister oder Freunde haben. Daraus lassen sich lustige Spiele ableiten, die optimal auf den Einstieg in die Schule vorbereiten.

Ohne dem systematischen Lese- und Schreiblehrgang der Schule vorzugreifen, bietet das folgende Kapitel eine Reihe von Anregungen, mit deren Hilfe sich das Kind auf lustige und spielerische Art mit Buchstaben und Wörtern auseinander setzen kann: Suchen und Verzieren von Buchstaben, Schreiben von Buchstaben ohne Schreibgerät, Reimen von Wörtern, auch wenn dabei so mancher lustige Quatsch entsteht u.v.m.

Kinder, die bereits in die Schule gehen, werden in spielerischer Form beim Lesen und Schreiben unterstützt.

Das Wort des Tages

Ein Kinderlexikon wird an irgendeiner Stelle aufgeschlagen, und das Kind darf mit geschlossenen Augen auf eine beliebige Stelle deuten. Das dadurch bestimmte »Wort des Tages« wird vorgelesen, erklärt, in die Luft geschrieben und in einem Satz verwendet. Wer kann sich am Ende der Woche noch an alle »Wörter des Tages« erinnern?

Materialien
Kinderlexikon

Wachsende Buchstaben

Aus feuchten Zellstofftaschentüchern formt das Kind den Anfangsbuchstaben seines Namens. Dann darf es den Buchstaben mit Kressesamen panieren. Hält man die Samen feucht, sprießen sie schnell, und in ein paar Tagen ist ein grün »behaarter« Kressebuchstabe gewachsen.

Materialien
Zellstofftücher, Kressesamen

● Tip: Achten Sie darauf, dass das Kind in ganzen Sätzen spricht! Besonders die Antworten sollten nicht zu geknurrten Wortbrocken verkümmern. Hier gilt, wie so oft, dass das Vorbild – auch das Vorbild der älteren Geschwister – das meiste bewirkt.

Das schnelle Alphabet

Auf »Los!« beginnen das Kind und der Erwachsene gleichzeitig, das Alphabet aufzusagen; das Kind beginnt bei A, und der Erwachsene fängt bei Z an.

Ohne Blatt und Bleistift

Lustig schreibt es sich mit dem Finger:
- Auf angehauchte Fensterscheiben
- In den feuchten Sand
- In die Luft
- Auf Mamas Rücken
- Auf ein Backblech mit Rasierschaum
- Mit Kreide oder einer wassergefüllten Gießkanne auf den Asphalt usw.

Materialien
Gegenstände aus dem Haushalt

Das Abc-Büchlein

Ein doppeltes kariertes Schulheft wird in ein Abc-Büchlein verwandelt, wenn man auf der linken Seite einen bestimmten großen Druckbuchstaben schreibt, z.B. A. Das Kind bekommt nun eine alte Illustrierte und sucht mit einem Erwachsenen zusammen nach Abbildungen von Dingen, deren Name mit A beginnt, z.B. einen Apfel, einen Affen, einen Arm … Diese Dinge schneidet das Kind aus und klebt sie auf die rechte Seite neben dem jeweiligen Buchstaben ins Abc-Büchlein.
Natürlich wird man zuerst solche Buchstaben aussuchen, die das Kind leicht unterscheiden kann und die man häufig in Illustrierten findet.
Also verzichten Sie auf die alphabetische Reihenfolge, und lassen Sie Buchstaben wie C, J, Q, X und Y vorerst noch weg.

Alte Illustrierte nicht wegwerfen!

Für dieses Spiel

sind sie gut zu gebrauchen.

Materialien
1 doppeltes Schulheft (kariert), alte Illustrierte, Schere, Klebstoff

Selbst gemachte Zungenbrecher

Zungenbrecher, wie z.B. »Fischers Fritze fischt frische Fische«, sind allgemein bekannt und bei kleinen Kindern beliebt. Aber warum eigentlich immer den armen Fritz Fischer bemühen? Selbst gemachte Zungenbrecher, in denen vielleicht sogar die Namen der Kinder vorkommen, sind viel toller! Perfekt brauchen sie nicht zu sein. Je mehr Quatsch, umso besser, z.B.: »Phily fängt fünf fleißige Fliegen.« Oder: »Katrin klebt kaputte Klammern.«

Das Alphabethaus

Auf Klebeetiketten wird jeweils ein großer Buchstabe des Alphabets geschrieben. Seltene Buchstaben, wie C, J, Q, X und Y können weggelassen werden, dafür sollte es aber ein Sch geben. Dann macht man mit dem Kind eine Wanderung durchs Haus und benennt Möbelstücke und andere Gegenstände. Die Anfangsbuchstaben der Dinge werden ganz deutlich gesprochen, und das Kind darf die passenden Etiketten an die Gegenstände kleben. Auf diese Weise prägen sich später auch englische und französische Wörter ein!

Materialien
Klebeetiketten, Stift

Wörter zusammensetzen

Ein Spieler gibt ein Hauptwort vor, z.B. »Baum«. Die Mitspieler nennen jetzt abwechselnd ein zusammengesetztes Wort mit »Baum«, z.B. »Apfel*baum*«, »*Baum*stamm« usw. Wer kein weiteres Wort weiß oder eines wiederholt, scheidet aus. Der Sieger gibt dann das nächste Wort vor.

Von A bis Z

Im Telefonbuch sind die Namen der Teilnehmer nach dem Alphabet aufgelistet, das weiß jedes Kind spätestens in der zweiten Klasse. So können Sie ohne Telefonbuch, z.B. auf einer Autofahrt, mit dem Kind das Alphabet üben:
Welche drei Namen könnten beispielsweise zwischen »Bäcker« und »Müller« zu finden sein?
Weil das Telefonbuch sonst zu dick wäre, hat man zwei Bücher daraus gemacht. Im ersten stehen die Namen von A–K, im zweiten die von L–Z.
Welches Buch brauche ich, um unsere Telefonnummer zu finden?
In welchem Buch steht die Telefonnummer von der Nachbarin, Frau Schuster?
Welchen Namen könnte ich zwischen »Bach« und »Buchwald« finden?
Welchen Namen könnten wir zwischen »Grabowski« und »Gruber« finden?

Ein Telefonbuch gibt es in jedem Haushalt und ruck-zuck wird es zum Spielmaterial.

Lebendige Buchstaben

Immer zwei Spieler bilden gemeinsam einen lebendigen Buchstaben, und ein dritter Mitspieler muss erraten, um welchen Buchstaben es sich dabei handeln könnte.

Froschtaufe

Friederike Frosch ist überglücklich über ihre 26 süßen, grünen, glitschigen Kinderchen. Doch jetzt hat sie ein Problem: Wie soll sie ihre Kinder nennen? Fallen dir da ein paar passende Namen ein? Kannst du für jedes Fröschlein einen Namen erfinden, der mit einem anderen Buchstaben des Alphabets beginnt?
Was wäre, wenn Friederike Frosch jedem Kind einen Namen mit dem Anfangsbuchstaben F geben will? Fallen uns gemeinsam 26 F-Namen ein?

Der Riesenbuchstabe

Auf Tonpapier oder Pappe wird der Anfangsbuchstabe des Vornamens aufgezeichnet und danach ausgeschnitten. Das Kind darf seinen Anfangsbuchstaben mit vielen bunten Resten von Geschenkpapier bekleben und an seiner Zimmertür aufhängen.
Ganz toll wäre es auch, wenn das Kind zusammen mit einem Erwachsenen alte Illustrierte und Kataloge durchsieht, auf der Suche nach Dingen, die ebenfalls mit diesem Buchstaben beginnen. Der Benjamin findet da z.B. einen Ball, einen BMW, ein Buch, eine Brille u.v.m. Die Bilder werden ausgeschnitten und auf den Riesenbuchstaben geklebt.

Materialien
Tonpapier oder Pappe, Geschenkpapier oder Bastelfolie, alte Illustrierte, Kataloge, Lineal, Schere, Klebstoff, Faden, eventuell Bonbons

● Geschenktip: Den Pappbuchstaben mit Geschenkpapier oder Bastelfolie überziehen und mit vielen bunten Bonbons bekleben. Ein tolles Geschenk!

Aus Mürbe- oder Hefeteig gebackene Buchstaben können mit feiner Schokoglasur bezogen werden.

Doppeltes Kreuzworträtsel

Ein fertig ausgefülltes Kreuzworträtsel – und der Spaß ist noch lange nicht vorbei. Das Kind übernimmt jetzt das Rätsel und kreist z. B. alle E mit einem Rotstift ein und alle A mit einem grünen Stift. Dieses Spiel fördert u. a. auch ganz enorm die Konzentration.

Alles Gute kommt von oben

Wenn es draußen regnet und alle großen und kleinen Spieler drinnen im Haus versammelt sind, passt dieses Spiel ganz wunderbar. Einer beginnt und sagt vielleicht: »Es regnet arbeitslose Ameisen.« Der Nächste wiederholt: »Es regnet arbeitslose Ameisen« und fügt hinzu: » …und blaue Butterdosen.« Der dritte wiederholt die beiden vorausgegangenen Regenarten und fügt eine dritte, diesmal mit dem Buchstaben C an, z. B. »…und cremige Chemiebücher.« So wird weitergespielt, und der Regen wird durch neue seltsame Inhalte immer stärker. Wer sich verhaspelt oder wem nichts Passendes einfällt, der bekommt Hilfe von den Mitspielern. Das Spiel ist zu Ende, wenn es »zappelnde Zündkerzen« oder »zahnlose Zebras« regnet. C, Q, X und Y dürfen ausgelassen werden!

Das gesprungene Alphabet

Ein Kind gibt einen beliebigen Oberbegriff vor, z. B. »Tiere«, »Fahrzeuge«, »Möbelstücke«, »Städte« usw. Der Spielpartner nimmt ein Springseil und nennt bei jedem Sprung einen Buchstaben des Alphabets, also A, B, C usw. Sobald er im Seil hängen bleibt, muss er mit dem Buchstaben, der gerade an der Reihe war, ein passendes Wort zum vorgegebenen Oberbegriff nennen.

Rechtschreibfußball

Zwei kleine Fußballfans, die alles im Sinn haben, was mit Ball, Elfmeter und Tor zu tun hat, nur bestimmt nicht die Lernwörter der Nachschrift zu üben, kann man mit dem folgenden Spiel motivieren. Zuerst wird auf ein Blatt Papier ein Fußballfeld wie folgt aufgemalt.

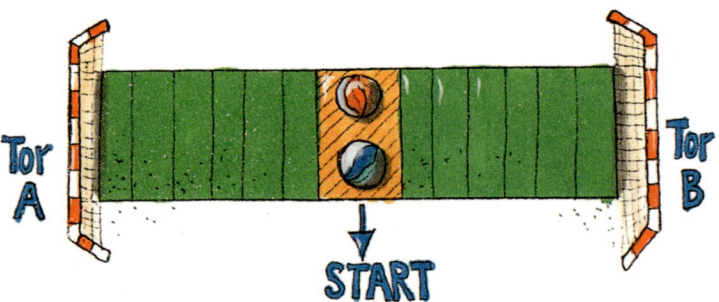

Beide Spieler legen eine Murmel als Fußball auf das Startfeld. Dann soll Spieler A ein vorgegebenes Wort buchstabieren. Am besten ist es, diese Wörter aus dem Bereich Fußball oder Sport ganz allgemein zu wählen. Hat der Spieler dann beispielsweise das Wort »Schiedsrichter« korrekt buchstabiert, darf er seinen »Fußball« um ein Feld in Richtung Tor B bewegen. Danach ist Spieler B an der Reihe. Für jede richtige Antwort wird der jeweilige Fußball um ein Feld weitergespielt, für jede falsche Antwort ein Feld zurück.

Wer als Erster ein Tor geschossen hat, ist Sieger. Ja, und wenn die beiden Spieler unbedingt noch ein Rückspiel fordern – warum nicht?

Beide Bälle werden wieder aufs Startfeld gelegt, und schon wird das nächste Spiel angepfiffen.

Mit vielen Teilnehmern gibt's ein Turnier.

Materialien
Zeichenblatt, Stift, 2 Murmeln

Zur Erfrischung gibt es bunte Pausenlimonaden. Dazu wird ursprünglich klarer Sprudel mit Lebensmittelfarben lustig gefärbt und mit Strohhalmen serviert.

Im Gegenteil

Einer sagt ein Wort, und der andere nennt das Gegenteil dazu:

- Heiß – kalt
- Kurz – lang
- Sommer – Winter
- Schwarz – weiß
- Hitze – Kälte
- Unten – oben
- Roh – gar
- Hungrig – satt

Kleine Unterschiede

Was ist der Unterschied zwischen Schnee und Regen, einem Hund und einer Katze, einem Kinderwagen und einem Lastauto …?
Jeder Spieler darf einmal eine Spielaufgabe stellen und sie von einem beliebigen Mitspieler beantworten lassen. Genauso geht das Spiel auch andersherum – jetzt suchen wir nach Gemeinsamkeiten: Was haben Schnee und Regen gemeinsam? usw.

Jahreszeitenrätsel

Zuerst wird über die beiden Jahreszeiten Sommer und Winter gesprochen. Dann nennt der Erwachsene nacheinander verschiedene Begriffe, z.B. »Schneemann«, »Badehose«, »Mütze« usw. Das Kind ordnet jedem Begriff die passende Jahreszeit zu.
Später wird das Spiel mit allen vier Jahreszeiten durchgeführt.

Langer Atem

Für dieses Spiel braucht man möglichst viele Mitspieler. Zuerst finden sich immer zwei zu Partnergruppen zusammen. Sobald die Spielaufgabe gestellt wird, z.B.: »Nenne fünf Tiere mit K«, atmet der eine Spieler tief ein und hält nun so lange die Luft an, bis der Partner die gestellte Aufgabe gelöst hat. Schafft er das, bevor dem anderen die Luft ausgeht, erhält die Partnergruppe einen Punkt. Die Spielaufgaben werden von Runde zu Runde schwieriger, so dass allmählich eine Partnergruppe nach der anderen ausscheidet. Ja, und die beiden, die übrig bleiben, sind Sieger.

Vorsicht:

Die Luft nicht zu lange anhalten!

Weitere Spielaufgaben könnten beispielsweise lauten:
* Nenne fünf Tunwörter mit K
* Nenne fünf Namenwörter mit drei Buchstaben
* Nenne fünf zusammengesetzte Wörter mit »Regen-«
* Nenne fünf Zahlwörter ohne N
* Nenne fünf Wörter mit Sch am Anfang

Fadenwörter

Kinder, die gerade »Schreibschrift« lernen, haben Spaß an diesem Spiel. Ein langer Wollfaden oder eine dünne Schnur wird angefeuchtet. Dann darf das Kind mit dem Faden verschiedene Wörter auf einer wasserdichten Unterlage auslegen.
Auf diese Weise lassen sich auch die Lernwörter aus dem Nachschriftentext weitaus schneller, genauso sicher und viel lustiger einprägen.

Materialien
Langer Wollfaden oder dünne Schnur, wasserdichte Unterlage (aus Plastik)

Dalli–Dalli

Nach dem altbekannten Prinzip gibt ein Spieler ein »Problem« vor, und der Mitspieler soll in einer bestimmten vorgegebenen Zeit, die sich natürlich nach dem Alter des Spielers richtet, entsprechende »Problemlöser« nennen.

Beispiel:
Frage: Als was kann man sich im Fasching verkleiden?
Antwort: Als Hexe, Pirat …
Frage: Wie kann man seine Freude äußern?
Antwort: In die Luft springen, strahlen …
Frage: Was braucht man beim Camping?
Antwort: Zelt, Hocker, Kocher …

Materialien
Stoppuhr oder Uhr mit Sekundenzeiger

Am Ende dürfen sich die Kinder dann tatsächlich nach ihren Vorstellungen verkleiden, herumspringen oder im Sommer eine Nacht im Zelt verbringen.

Hauptwort gesucht

Dies ist ein Spiel für Grundschüler, etwa ab der zweiten Klasse. Neben dem Lerneffekt ist es auch ein netter Zeitvertreib im Auto, weil man es sogar mit dem Fahrer spielen kann.

Einer sagt ein Verb oder Adjektiv, z.B. »heiß«, und der andere nennt das dazu passende Hauptwort (Namenwort = Substantiv). In unserem Fall also »Hitze«.

Naturtaufe

So viele verschiedene Blumen und Tiere kann man auf einer Frühlingswiese entdecken – und was für komische Namen die haben! Die Lebewesen, deren Namen aber niemand weiß, taufen wir selber!

Also, da gibt es dann vielleicht eine rote Bratwurstblume, die braune Weingummischnecke, einen orangefarbenen Feuerfalter u.v.m.

Lassen Sie als Eltern der Phantasie der Kinder freien Lauf. Auch wenn Ihnen viele der gefundenen Begriffe seltsam vorkommen – Ihr Kind lernt auf diese Weise, Begriffe frei zu assoziieren und schult seine Kreativität.

Damit mögen auch Ihre Kinder Sonntagsspaziergänge im Park.

Wörterdrillinge

Wo lebt der Erdbeereisbär, und was, bitte schön, ist ein Regenschirmpilz? Bei dieser Wörterbastelei wird ein Wort vorgegeben, z. B. »Wasser«. Nun soll das Kind ein Wort finden, das man so vor dieses Wort stellen kann, dass ein sinnvolles zusammengesetztes Wort entsteht, z. B. »Mineral-Wasser«. Nun wird ein Wort zum Anhängen gesucht, z. B. »Wasser-Ball«. Entstanden ist jetzt ein typisches »Quatschwort«, nämlich »Mineral-Wasser-Ball«.

So sind auch Kindergruppen für einige Zeit gut beschäftigt.

Reimen

Ein Spieler denkt sich ein Geheimwort aus, auf das sich möglichst viele andere Wörter reimen, z. B. »Nuss«. Dieses Geheimwort wird natürlich nicht verraten, wohl aber ein anderes Wort genannt, das sich darauf reimt, z. B. »Schuss«. So, und nun sollen die anderen einmal tüchtig nachdenken und reimen. Die Mitspieler nennen nacheinander verschiedene Reimwörter. Wer schließlich das Geheimwort ausspricht, hat gewonnen und darf sich gleich ein neues Geheimwort für die nächste Runde überlegen.

Hör doch mal

In einer Zeit, in der die meisten Menschen von morgens bis abends einer Vielzahl von meist technischen Geräuschen ausgesetzt sind, haben es viele von ihnen verlernt, bewusst zu hören. Es scheint, als hätten sie sich an den Lärm schon gewöhnt und empfinden ihn nicht mehr als lästig oder störend. Zeiten der Stille und Ruhe werden fast schon vermieden, weil sie direkt Angst machen.

Auch viele Kinder spüren sich nur noch, wenn sie laut sind, schreien oder sonst Lärm verursachen. Dann fühlen sie sich wahrgenommen. Was dabei jedoch auf der Strecke bleibt, sind die eigenen, inneren »Töne«.

Gefühle wie Traurigkeit, Glücklichsein oder Freude dringen nicht mehr durch. Sie werden überschrien und zum Verstummen gebracht, genauso wie die Fähigkeit, andere wahrzunehmen und ihnen Gehör zu schenken.

Eltern, Kindergärterinnnen, Lehrerinnen beklagen sich seit langem: »Die Kinder hören einfach nicht zu!« Aber wer nicht zuhört, hat ganz schnell keine Freunde mehr und bleibt allein. Und wer nicht zuhört, nimmt nichts auf, kann in Folge dessen nichts dazulernen und weiß nichts über seine Umwelt. Das macht Angst und führt häufig zu aggressiven Abwehrreaktionen.

Die nachfolgenden Spielvorschläge sollen das Kind anregen, ganz bewusst zu lauschen, Geräusche zu identifizieren, also seine Umgebung auf akustische Reize hin zu erforschen, Klangquellen zu untersuchen und Geräusche aus vielerlei Material wie Papier, Holz, Plastik selbst zu erzeugen und auch zu erleben, wie wohltuend Stille sein kann.

Das Geräuschequiz

Auf dem Tisch befinden sich etwa zehn verschiedene Gegenstände. Es werden absichtlich solche Dinge ausgesucht, die, schlägt man sie mit einem Metalllöffel an, deutlich verschiedene Geräusche verursachen, z. B. ein Glas, ein Teller, ein Stück Holz, ein Buch, ein Plastikspielzeug etc.

Zuerst darf das Kind selber die Geräusche erzeugen, indem es sanft mit dem Löffel an die Gegenstände klopft. Dann dreht sich das Kind um, schließt die Augen und lauscht. Der Spielpartner schlägt nun einen beliebigen Gegenstand an, und das Kind rät, welches Ding den Ton verursacht hat.

Materialien
1 Glas, 1 Teller, 1 Stück Holz, 1 Buch, 1 Topf etc., 1 Löffel

Tonleiter

Gläser verschieden hoch mit Wasser füllen und mit einem Löffel anschlagen. Dem Gehör nach von den tiefen zu den hohen Tönen der Reihe nach aufstellen.

Die Geräuschekette

Dieses Spiel schult nicht nur die Ohren, sondern auch die Konzentration!
Am besten spielt es sich im Sitzkreis. Der erste Spieler erzeugt ein Geräusch, indem er z. B. in die Hände klatscht. Der nächste wiederholt es und fügt ein neues Geräusch dazu und schnalzt vielleicht mit der Zunge. Wie beim altbekannten »Kofferpacken« kommt es auf die Wiederholung der Geräusche in der richtigen Reihenfolge an. Wer einen Fehler macht, scheidet aus. Natürlich sind auch Tierlaute, knatternde Motorengeräusche und jede Menge krächzende Monsterstimmen erlaubt.

Spitz die Ohren

Gute Denker sind immer auch gute Zuhörer. Das konzentrierte Zuhören ist eine Grundfähigkeit für den Erfolg in der Schule. Hier kommt ein Spiel, das genaues Zuhören verlangt und allen Kindern großen Spaß macht. Ein Erwachsener oder eine große Schwester/großer Bruder macht sich mit einem Kassettenrekorder auf Geräuschejagd im und ums Haus. Die Geräusche müssen dem Kind natürlich bekannt sein, z. B. die Türglocke, das Bellen des Nachbarhundes, das Klingeln des Telefons, das Geräusch der Wasserspülung im Klo usw.
Dann werden die Geräusche dem Kind vorgespielt. Wie viele davon kann es identifizieren?
Variation: Anstatt der Geräusche werden Stimmen aufgenommen: Papa, Mama, Oma, Opa, Freund, Freundin, Nachbarin, Bäcker etc.

Zu Hause in der
Welt der Geräusche.

Materialien
Kassettenrekorder mit Mikrofon

Mit den Tierstimmen kann auch die Ansage auf dem Anrufbeantworter sehr effektiv untermalt werden.

Zooerinnerungen

Ein Besuch im Tierpark, egal, zu welcher Jahreszeit, ist immer ein ganz besonders tolles Erlebnis für Kinder. Ausgerüstet mit einem Kassettenrekorder, »sammelt« man möglichst viele Tierstimmen und notiert sicherheitshalber auf einem Zettel, um welche Tiere es sich da jeweils gehandelt hat. Zu Hause spielt man die Tierstimmen vor. Wer weiß noch, welches Tier so gebrüllt, gequakt, gezwitschert hat? Klar, dass man auch der Oma und den Freunden das Band vorspielt und sie die Tiere raten lässt.

Materialien
Kassettenrekorder

● Geheimtip: Das Band nach Gebrauch nicht löschen! Es wird nach einiger Zeit noch mal interessant, und außerdem eignet es sich vortrefflich zur Untermalung von gruseligen Gespensterpartys!

Das Echo

Die Spieler werden in zwei gleich große Teams eingeteilt. Jedes Team bekommt einen Karton mit Gegenständen. Wichtig ist, dass beide Kartons den gleichen Inhalt haben, z. B. je eine Babyrassel, ein Glas, eine Plastiktüte, einen Bogen Zeitungspapier, einen Löffel, ein Glöckchen, ein Buch usw.
Dann setzen sich die beiden Spielergruppen so, dass sie einander nicht sehen, aber gut hören können, und schon geht's los.
Ein Spieler des ersten Teams wählt ein oder zwei Gegenstände aus und erzeugt damit ein Geräusch, z. B. klappert er mit dem Schlüsselbund oder schlägt mit dem Löffel ans Glas. Die Spieler der Gegengruppe lauschen genau auf das Geräusch, besprechen sich kurz, wie das Geräusch wohl erzeugt wurde und lassen dann mit den gleichen Dingen aus ihrem Karton ein »Echo« erschallen. Stimmt das Geräusch mit dem vorgegebenen überein, darf nun das zweite Team ein Geräusch vorgeben.

»Echo« ist griechisch und heißt »Schall«.

Materialien
2 Pappkartons, handliche Gegenstände aus dem Haushalt

Räuspern

Einem Spieler werden die Augen verbunden. Dann darf sich jedes Familienmitglied – bis auf eines – einmal laut räuspern. Der »Blinde« lauscht konzentriert und soll schließlich angeben, welches Familienmitglied sich nicht geräuspert hat.
Variation: Statt des Räusperns kann man auch vorgeben, dass jeder Mitspieler mit scheußlich verstellter Stimme ein Wort, z. B. »Pumpernickel«, sagt. Das Ratekind soll wieder angeben, welcher Mitspieler nichts gesagt hat.

Lügengeschichten

Mama, Papa, Oma, Opa oder sonst ein lieber Mensch erzählt eine kurze Geschichte, die aber eine faustdicke Lüge enthält. Die Zuhörer lauschen ganz gespannt und versuchen herauszubekommen, was in der Geschichte wohl nicht stimmen kann.

Lieder klatschen

Ein Spieler überlegt sich ein Lied, von dem er annehmen kann, dass es alle Mitspieler kennen. Den Takt dieses Liedes klatscht er vor. Wer von den Mitspielern meint, das Lied zu erkennen, verrät nichts, klatscht aber gleich mit. Für alle Spieler, die das Lied nicht erkannt haben, singen wir es gemeinsam vor und klatschen den Takt dabei.

Damit es nicht zu schwer wird, werden die Lieder zuvor von allen zusammen gesungen.

Sprechen und zuhören

Zwei Spieler suchen sich jeweils aus Büchern oder Zeitschriften einen kurzen, informativen Text aus. Dann setzen sich die zwei einander gegenüber und beginnen, gleichzeitig ihre Texte vorzulesen. Während man liest, muss man aber, so gut es geht, dem Vortrag des anderen lauschen. Nach drei Minuten Vorlesezeit wird abgebrochen. Nun soll jeder Spieler möglichst viel vom Gehörten nacherzählen. Dieses kleine Spiel ist eine ausgezeichnete Schulung der Konzentration, die besonders den Schulkindern zugute kommen wird.

Materialien
Texte aus Büchern oder Zeitschriften

Bei kleineren Kindern reichen schon die Informationen, die sie in einer Minute aufnehmen können.

Sprechrhythmus

Bevor das eigentliche Spiel beginnen kann, wird noch ein bisschen geübt. Einer nennt ein beliebiges Wort, z.B. »Schlafanzug«, und klatscht dann die Silben – in diesem Fall klatscht er also dreimal in die Hände. Schließlich nennt ein Spieler einen Satz, vielleicht »Heute scheint die Sonne«, und klatscht den Rhythmus:

— —   — —   — —

Dann geht's aber los: Ein Spieler überlegt sich einen beliebigen kurzen Satz und klatscht den Rhythmus vor. Die Mitspieler hören genau zu und überlegen sich schnell einen Satz, der zu dem vorgeklatschten Rhythmus passt. *Beispiel:* Der Spieler denkt sich: »Alexandra ist ein Schaf.« Er klatscht:

— — —   — —   —

Die Mitspieler finden Sätze wie »Märchenbücher mag ich nicht« oder »Tortellini ess ich gern« usw.

Kinderkassetten

Wie bringt man größere Kinder dazu, das Lesen zu üben, erhält gleichzeitig Material zum genauen Zuhören für kleinere Geschwister, macht Kinder glücklich und spart obendrein eine Menge Geld? Hier der »ultimative« Tip: Zuerst sucht man eine Kindergeschichte aus, die dem Alter des kleineren Kindes entspricht. Dann fordert man das Lesekind auf, die Geschichte besonders gut vorzulesen, weil es dafür dann ein oder gar zwei Mark bekommt.

Die Vorlesegeschichte wird mit dem Kassettenrekorder aufgenommen und schließlich dem kleinen Geschwisterchen geschenkt.

Für die Lesekinder sind dieses Kassettenbesprechen und Geldverdienen so motivierend, dass sie oftmals selber nicht zufrieden sind und immer wieder die Geschichte lesen, um ein optimales Ergebnis zu erzielen.

Materialien
Kassettenrekorder, Buch mit Vorlesegeschichten

Damit kleinere Kinder motiviert sind, konzentriert zuzuhören, können in die Geschichten ein oder zwei Fehler eingebaut werden. Wer die Fehler heraushört, bekommt natürlich ebenfalls eine Belohnung.

Na dann guten Appetit,

Onkel Oswald.

Aber sieht so ein Schurke aus?

Reime vollenden

Vorschulkinder reimen meistens für ihr Leben gern.
Dieses Spiel eignet sich deshalb prima, um Wartezeiten
zu verkürzen.
Der Erwachsene sagt vielleicht:

»Onkel Oswald, dieser Schurke,
isst seine Wurst nie ohne ...«
Und das Kind ergänzt dann »Gurke«.

Oder:
»Im Sommer ist es heiß und trocken,
da gehn wir gerne ohne ...«
Das Kind ergänzt »Socken«.

»Draußen ist es kalt und nass,
und drinnen spielt der Kontra- ...«
Das Kind ergänzt »-bass«.

Einfach drauflos dichten

und nicht nachdenken,

ob es Sinn hat, dann macht das

Spiel richtig Spaß.

Mit Hand und Fuß

Kinder im Vor- und Grundschulalter entwickeln einerseits einen ungeheuren Wissensdrang, andererseits streben sie danach, ihren Körper zu beherrschen. Welche Bedeutung die motorische Entwicklung hat, wird klar, wenn es ans erste Basteln, Zeichnen und Schreiben geht.

Durch Bewegungen können Gegenstände von allen Seiten erfasst werden, und verschiedene Perspektiven ermöglichen neue Ein- und Ansichten über die dingliche Umwelt.

Indem sich Kinder bewegen, erhalten sie immer mehr Informationen über sich und die Umgebung: Wenn sie die Augen bewegen, sehen sie bekannte und neue Dinge, wenn sie Arme, Hände und Beine bewegen, können sie Dinge und Menschen erreichen, ertasten und »begreifen«.

Aber Bewegung ist nicht nur rein funktionell zu sehen. Wer sich bewegt, hat Erfolgserlebnisse, bekommt Selbstbestätigung und wird angespornt, sich noch besser und effektiver zu bewegen. Motorik und Wahrnehmung stehen immer in Wechselwirkung zueinander.

Wer sein Kind also in der Entwicklung seiner motorischen Fähigkeiten unterstützt, verhilft ihm gleichzeitig zu einer Grundlage, sich flexibel mit der Umwelt auseinander zu setzen und sie für sich zu erobern.

Selbstverständlich gilt hier, wie für alle Bereiche in diesem Buch, es muss Spaß machen.

Also werden im folgenden Kapitel eine Reihe von Spielen vorgestellt, die sowohl die Feinmotorik, also das »Fingerspitzengefühl«, als auch die Grobmotorik der Kinder auf lustige, ungezwungene Art schulen.

So lernen Kinder spielerisch das Zahlungsmaterial »Geld« kennen.

Dagoberts Münzenspiel

In einem Beutel liegen verschiedene deutsche Münzen und eine ausländische Münze. »Dagobert« darf mit geschlossenen Augen in den Beutel fassen, die Münzen abtasten und soll möglichst schnell die »falsche« Münze aus dem Beutel holen und vorzeigen.

Materialien
Deutsche Münzen, 1 ausländische Münze

● Tip: Das Spiel kann z. B. in der Warteschlange im Supermarkt oder im Wartezimmer des Arztes die Zeit verkürzen. Stecken Sie die Münzen einfach in die Tasche!

Von Fuß zu Fuß

Alle Spieler sitzen barfuß im Kreis auf dem Boden. Der erste klemmt sich eine Socke zwischen die Zehen und reicht sie auf diese Weise seinem Nachbarn. Der nimmt die Socke ebenfalls nur mit dem Fuß in Empfang und gibt sie weiter. Ist die Socke wieder beim ersten Spieler angekommen und soll in die zweite Runde gehen, wird ein weiterer Gegenstand, z. B. ein Bierdeckel, ein Schlüsselbund usw., noch dazu von Spieler zu Spieler gegeben. Schließlich kommt ein dritter und vielleicht sogar ein vierter Gegenstand dazu, so dass die Barfüßler die Dinge immer schneller weitergeben müssen. Wer ganz streng spielen möchte, gibt demjenigen, der einen Gegenstand fallen lässt, einen Minuspunkt. Hat ein Spieler schon drei Minuspunkte auf seinem »Konto«, scheidet er aus.

Materialien
Handliche Gegenstände aus dem Haushalt

Spaß im Doppelpack

Zwei undurchsichtige Säckchen (Tüte, Kopfkissenbezüge etc.) werden mit den gleichen zehn kleinen Gegenständen gefüllt, z.B. mit einem Schlüssel, einer Zahnbürste, einer Mandarine, einer Erdnuss, einem Legostein etc. Nun gibt es mehrere Möglichkeiten zu spielen:

Das Kind fasst mit je einer Hand in eine Tüte und tastet die Dinge so lange ab, bis es meint, in beiden Händen den gleichen Gegenstand zu halten. Jetzt darf das Kind die Dinge aus den Säckchen holen und selber nachschauen, ob's stimmt. Die große Schwester oder der große Bruder fasst in einen Sack, nimmt einen Gegenstand in die Hand und beschreibt ihn, ohne den Gegenstand selbst aus dem Säckchen zu holen, z.B.: »Mein Gegenstand fühlt sich kalt an, er ist aus Metall, am oberen Ende ist ein Loch …« Nun soll das kleinere Geschwisterchen schnell den beschriebenen Gegenstand, z.B. den Schlüssel in seinem Säckchen, finden und vorzeigen.

Zwei Spieler, jeder mit einem Säckchen ausgerüstet, stellen sich Rücken an Rücken auf. Beide stecken eine Hand in ihr Säckchen und betasten die darin befindlichen Dinge.

Plötzlich sagt ein dritter Spieler »Stopp!«. Jetzt ziehen beide Kinder die Gegenstände hervor, die sie gerade in den Händen haben. Sind das zufällig die gleichen Dinge, werden sie abgelegt, und die Partner erhalten einen Pluspunkt.

Nach zehn Durchgängen wird gestoppt. Wie viele Pluspunkte konnte das Team bisher ergattern?

Klar, dass man dieses Spiel auch im Wettbewerb mit anderen Partnergruppen (z.B. auf einem Kinderfest) spielen kann.

Materialien
2 undurchsichtige Säckchen

Dieses Spiel fördert nicht nur feinmotorische Fähigkeiten, sondern schult auch das sprachliche Ausdrucksvermögen.

Dauerplätzchen

Für diesen Bastel- und Dauerspielspaß braucht man:

Dafür müssen Mutters Ausstechformen für das Weihnachtsgebäck herhalten.

So wird gebastelt …
Die Ausstechformen werden auf die Pappe gelegt und mit dem Stift umfahren. Anschließend schneidet man dann die Dauerplätzchen aus.

Und so wird gespielt …
Alle Pappplätzchen werden in ein Körbchen oder in einen Beutel gelegt. Nacheinander darf jeder Spieler mit geschlossenen Augen ein Plätzchen herausfischen, gut abtasten und dann sagen, um welche Form es sich dabei handelt.

Materialien
Einige Plätzchenausstechformen, 1 Stift, Pappe, Schere, 1 Körbchen o. Ä.

Ein-Bein-Rekorde

Auf einem Bein stehen zu können ist für Vorschulkinder schon eine tolle Leistung. Wem gelingt es sogar:
Auf einem Bein durch das Zimmer zu hüpfen? Auf einem Bein stehend, einen Schuh anzuziehen? Mit verschränkten Armen einen ebenfalls einbeinigen Partner aus dem Spielfeld oder von einer »Zeitungsinsel« zu drängen?

Spaß mit Büroklammern

Eine Schachtel voll Büroklammern – und schon kann der Spaß beginnen! Man kann die Dinger z. B. zu einer Kette zusammenhängen oder dem Kuschelhund eine Leine daraus basteln, man kann zehn Büroklammern um die Wette aneinander hängen oder die Büroklammern zu neuen Formen biegen. Spielen und basteln mit Büroklammern schult die Feinmotorik. Es macht natürlich weitaus mehr Spaß, wenn man schöne bunte Büroklammern für diese Zwecke verwenden darf.
Kleine Geschwister, die sich beim Aneinanderklammern noch schwer tun, beschäftigen sich einstweilen mit dem Klammernsortieren nach Farben.

Materialien
Farbige Büroklammern

Ein-Finger-Bilder

In den Deckel eines Schuhkartons wird so viel Salz geschüttet, dass der Boden gut bedeckt ist. Das Kind schreibt oder malt mit dem Finger Buchstaben, Zahlen oder kleine Bildchen hinein. Besonders interessant sehen die Muster aus, wenn der Deckel eine dunkle Farbe hat und der Kontrast zum Salz sehr deutlich ist. Gegebenenfalls kann man das Deckelinnere mit dunklem Papier bekleben oder mit einer dunklen Farbe anmalen.
Nach jedem Schreib- oder Malvorgang wird die Malschachtel ein bisschen hin und her bewegt, so dass sich das Salz wieder gleichmäßig verteilt.
Natürlich kann auch mit den Zehen, den Füßen oder mit dem Ellenbogen gemalt werden. Dazu muss die Malfläche aber größer sein. Am besten eignet sich ein großer Sandkasten, in dem der Sand mit einem Rechen glatt gestrichen ist. Oder die Kinder »malen« mit einem dünnen Wasserstrahl Muster und Bilder in den Sand.
Viel Spaß mit diesem Spiel im Urlaub am Strand!

Mit dieser Methode gibt es stundenlang immer wieder neue Bilder.

Materialien

schwarze Farbe — dunkles Papier — Salz — Kleber — Deckel eines SchuhKartons

Nicht nur der Kopf, sondern auch Arme und Beine dürfen hier mitspielen.

Ballspielen mit Köpfchen

Rechenfertigkeiten wie z. B. das Einüben von Einmaleins-reihen lassen sich mit einem Ball viel leichter und lustiger erreichen.

Einer sagt z. B. »7« und wirft den Ball einem Mitspieler zu. Der sagt »14« und wirft den Ball zurück. So wird die Einmaleinsreihe vorwärts und gleich darauf wieder rückwärts aufgesagt.

Genauso funktioniert das z. B. beim Kopfrechnen. Wir gehen von einer Grundzahl, z. B. 100, aus. Jeder, der den Ball bekommt, zieht eine bestimmte Zahl – vielleicht 6 – ab, nennt nur die Ergebniszahl, also 94, 88 usw., und wirft den Ball zurück.

Je mehr Kinder mitspielen, desto leichter wird das Spiel, weil jeder länger nachdenken kann.

Materialien
1 Plastikball

Das Wiegememory

Für dieses außergewöhnliche und anspruchsvolle Memoryspiel braucht man mindestens zehn Fotodöschen und eine Tüte Sand. Zuerst werden die Döschen unterschiedlich mit Sand gefüllt, jedoch immer so, dass zwei Döschen gleich voll und somit auch gleich schwer sind. Am besten kontrolliert man das Gewicht der einzelnen Döschen noch mit Hilfe einer Küchenwaage.

So wird gespielt: Alle Döschen werden nebeneinander auf den Tisch gestellt. Das Kind hebt jetzt zwei hoch und wiegt sie in beiden Händen. Sind sie ungleich schwer, werden sie wieder zurückgestellt, und der Nächste ist an der Reihe. Glaubt ein Spieler aber, zwei gleich schwere Döschen in Händen zu halten, wird das mit der Küchenwaage nachkontrolliert. Ist das Gewicht tatsächlich gleich, darf der Spieler diese beiden Döschen als »Beute« neben seinen Platz stellen und so lange weiterspielen, bis auch er sich bei zwei Döschen verschätzt. Das Spiel ist zu Ende, wenn alle Döschen ihre Besitzer gefunden haben, und Sieger ist, wer die meisten besitzt.

Materialien
Mindestens 10 Fotodöschen, Sand, Küchenwaage

Wer sich beim »wiegen« schwertut, sollte einmal die Augen zu machen. Dann geht's vielleicht besser.

Die Gartensafari

Klar, dass wir im Garten wohl kaum Löwen und Giraffen finden werden – aber, man glaubt es kaum, man findet jede Menge andere Tiere: kleine Käfer, Spinnen, Würmer, Schnecken, Vögel und vielleicht sogar die Nachbarskatze. Alle Spieler gehen gemeinsam auf Safari und suchen zehn verschiedene Tiere. Manche davon kennt man gar nicht. Ein Insekten-(Vogel-)Bestimmungsbuch aus der Bücherei macht die Safari besonders interessant und lehrreich.

Seiltanz

Ein Seil wird in Windungen auf dem Boden ausgelegt. Das Kind darf nun barfuß das Seil entlangbalancieren. Wer das schon gut beherrscht, versucht in den nächsten Spielrunden, rückwärts, mit oder ohne Hilfe eines Spiegels oder mit geschlossenen Augen oder mit einem Buch auf dem Kopf zu balancieren.

Materialien
1 dickes Seil

● Tip: Im Freien macht das Spiel noch mehr Spaß. Spannender wird es, wenn man erzählt, dass es sich bei dem Seil ja eigentlich um einen Pfad durch die Schlangengrube handelt und man natürlich tunlichst vermeiden sollte, vom Seil abzurutschen.

Zirkuskünstler und Abenteurer auf der Suche nach dem verlorenen Schatz kommen hier auf ihre Kosten.

Turmbau

Zum Bau eines möglichst hohen Turmes gehören Fingerspitzengefühl und eine Menge Konzentration. Gebaut werden kann der Turm aus allen möglichen Dingen, wie beispielsweise Bauklötzen, Pfennigstücken, Streichholzschachteln, Kartons, Pappbechern, Würfeln, Klopapierrollen u.v.m. Ab und zu wird mit einem Lineal am Turm nachgemessen, wie hoch er schon ist.

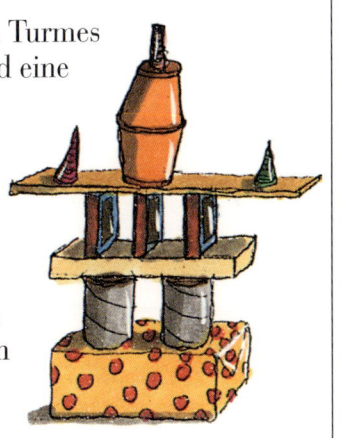

Materialien
Handliche Gegenstände aus dem Haushalt

Jede Menge Krimskrams

Womit die Eltern hantieren und arbeiten, ist für Kinder immer ganz besonders interessant. Sie möchten es selbst ausprobieren, die Dinge selbst in die Hand nehmen und schon ein wenig in die Welt der Erwachsenen eintreten. Da werden Deckel auf Gläser geschraubt, da wird Mamas Handtasche aus- und eingeräumt oder in der Knopfschachtel gewühlt. Messer, Schere, Säge, heißes Bügeleisen und was es sonst noch an gefährlichen Dingen gibt, die Eltern nur mit Schrecken in Kinderhänden sehen, das wird hemmungslos ausprobiert. Warum daraus nicht einfach ein paar Lernspiele machen?

So ist dann jeder zufrieden. Die Kinder dürfen die Sachen der Erwachsenen benutzen, und die Eltern wissen, dass sie ihre Kinder mit diesen Spielen fördern: Sie lernen, sich mit Alltagsgegenständen schneller zurechtzufinden, Lebenszusammenhänge zu begreifen und sich selbst Hilfe zu verschaffen.

Je selbstverständlicher Kinder mit den Dingen, die uns umgeben, umgehen, desto problemloser können sie von den Eltern zunehmend weiter in die Selbständigkeit entlassen werden. Sie können dann sicher sein, dass ihre Kinder gegen die Gefahren des Alltags gewappnet sind und sich auch in unvorhergesehenen Situationen zu behelfen wissen.

Einfache Gegenstände aus dem Haushalt fördern darüber hinaus alle Bereiche, die in diesem Buch vorgestellt werden: rechnen, logisches Denkvermögen, lesen, hören sich bewegen und sich konzentrieren.

Hinzu kommt, dass sie die Phantasie an Kindern anregen und nahezu überall gespielt werden können. Auch wenn die schon etwas betagtere Tante kein Spielzeug für die Kinder im Haus hat, ein alter Kalender oder Zellstofftücher sind fast immer vorhanden, und mit etwas Phantasie gibt's gleich ein lustiges Spiel, bei dem dann sogar alle – auch die Erwachsenen – mitspielen können.

So wird der Langeweile der Garaus gemacht, und der Fernseher kann abgeschaltet bleiben.

Jedes Kind bekommt zum Zaubern einen Zauberstab, mit dem es die Tüte dreimal berührt und eine Zauberformel aufsagt.

Die Zaubertüte

Ein Spieler bekommt die (leere) Zaubertüte. Er schaut hinein und holt mit langsamen Gesten und passender Mimik einen »unsichtbaren« Gegenstand hervor, z. B. einen Bleistift. Erfreut dreht er ihn in der Hand, streicht mit einem Finger darüber, so dass die Zuschauer eine Vorstellung davon haben, wie groß das Ding ist, und beginnt schließlich damit, den »unsichtbaren« Gegenstand zu benützen. In unserem Fall würde der Spieler also so tun, als schriebe er etwas. Sobald ein Mitspieler den richtigen Begriff, z. B. »Stift«, nennt, ist das Geheimnis der Zaubertüte gelüftet, und der Rater erhält die Zaubertüte als Nächster. Mal sehen, was der jetzt aus der Tüte herauszaubern wird!

Materialien
1 Papiertüte

Verwandlung

»Verwandlung« ist ein Spiel, bei dem die kindliche Phantasie Purzelbäume schlagen wird. Ein Alltagsgegenstand, wie z. B. ein Zellstofftaschentuch, wird auf den Tisch gelegt und soll nun in der Phantasie verwandelt werden. So ein Taschentuch könnte z. B. zu einem Minifallschirm für Playmobilpüppchen verwandelt oder als Fahne benutzt werden.
Je öfter man dieses Spiel mit verschiedenen Dingen durchführt, umso mutiger werden die Kinder, ihrer Phantasie freien Lauf zu lassen, und umso interessanter werden die Verwandlungsvorschläge.

Materialien
Handliche Gegenstände aus dem Haushalt

Taschendieb

Kinder lieben es, Handtaschen nach ihrem Inhalt zu untersuchen. Hier machen wir gleich ein Gedächtnisspiel daraus. Nachdem sich das Kind den Handtascheninhalt genau betrachtet hat, schließt es die Augen, und der Erwachsene nimmt ein Teil (z. B. den Lippenstift) aus der Tasche. Jetzt darf das Kind die Augen wieder öffnen, die Tasche noch einmal genau inspizieren und soll möglichst rasch herausfinden, was der »Taschendieb« geklaut hat.

Materialien
Handtasche mit Inhalt

Essbare Puzzlespiele

Ein Apfel wird in sechs unregelmäßige Stücke zerschnitten. Das Kind baut den Apfel wieder zusammen. Das geht mit geschälten Kartoffeln und sogar mit Leberwurstbroten.

Materialien
Alles Essbare

Leicht und schwer

Auf dem Tisch liegen drei, später vier und mehr Gegenstände, die ein deutlich unterschiedliches Gewicht haben, z. B. eine Kirsche, eine Banane und eine Grapefruit. Das Kind soll die Dinge dem Gewicht nach in eine Reihe legen: das leichteste zuerst und das schwerste zuletzt.
Vorsicht: Der größte Gegenstand ist oft nicht der schwerste.

Materialien
Gegenstände aus dem Haushalt

Memory für kluge Köpfe

Sechs kleine Kartons, z.B. Schuhschachteln, werden jeweils mit etwa zehn verschiedenen Krimskramsdingen gefüllt und, nachdem sich die Kinder die Gegenstände genau angesehen haben, verschlossen. Auf jeden Karton wird noch eine Zahl von 1 – 6 geschrieben, und dann geht's los.

Ein Kind würfelt z.B. eine 4. Nun soll es möglichst viele der Gegenstände auf einen Zettel notieren, die sich seiner Meinung nach im Karton Nummer 4 befinden.

Inzwischen würfeln die anderen Spieler weiter, bis jeder schließlich einmal an der Reihe war. Jetzt nennt das erste Kind seine gewürfelte Zahl und liest die Begriffe vor, die es notiert hat. Dabei öffnet ein anderes Kind die jeweilige Schachtel und holt alle Dinge heraus, die vom Kind genannt wurden und sich tatsächlich auch in der Schachtel befinden. Für jeden »Treffer« gibt es einen Punkt.

Auf die gleiche Weise werden die Ergebnisse der anderen Spieler kontrolliert. Wer am Ende die meisten Punkte hat, gewinnt das Memoryspiel.

Materialien
6 kleine Kartons, kleine Gegenstände, 1 Stift, Würfel

Jahreszeitenmemory

In vier kleine Kartons werden Gegenstände gelegt, die den vier Jahreszeiten entsprechen. Gerade kleinen Kindern fällt es so leichter, sich zu erinnern.

Sich selbst richtig anziehen

können, gibt Kindern

Selbstvertrauen.

Kleiderverschlüsse

Heben Sie die Knöpfe, Knopflöcher, Reißverschlüsse, Druckknöpfe, Bänder, Haken und Ösen von alten Kleidungsstücken auf! Schneiden Sie diese am besten mit reichlich Stoff von den Kleidungsstücken ab, und sammeln Sie die Dinge in einer Schachtel. Kinder haben großen Spaß daran, den Umgang mit den Verschlüssen zu lernen. Im nächsten Winter werden Sie staunen, wie geschickt und schnell Ihre Kinder Jacken und Anoraks selber zumachen können.

Materialien
Stoffstücke von alten Kleidern mit Knöpfen, Knopflöchern, Reißverschlüssen etc.

● Tip: Halten Sie Ihr Kind an, die Knöpfe an Mänteln und Jacken von unten nach oben zuzuknöpfen! Das ist einfacher, und es bleiben am Schluss weniger Knöpfe übrig, die kein Knopfloch mehr zur Verfügung haben.

Damit Sie auch mal mit den

Sprößlingen schnell aus dem Haus

kommen.

Barkeeper

Seinen guten Geschmackssinn darf jeder Barkeeper im folgenden Spiel beweisen. Der Spielleiter hat sechs gleiche Pappbecher z. B. mit Zitronenlimonade gefüllt und in einen Becher zusätzlich noch einen Schuss Johannisbeersaft (Cola, Kirschsaft usw.) gegeben.
Dem ersten Barkeeper werden die Augen verbunden. Er bekommt einen Strohhalm und darf jetzt aus jedem Becher einen Schluck nehmen. Schmeckt er das »etwas andere« Getränk heraus? Nachdem er von allen Bechern probiert hat, muss er einen eindeutigen Tip abgeben. Die Reihenfolge der Becher wird verändert, und dann ist ein anderer Spieler dran.
Achtung: Jedes Kind trinkt mit seinem Strohhalm!

Das Spiel für heiße Sommertage, wenn alle nach dem Toben im Garten Durst haben.

Materialien
Pappbecher, Trinkhalme, Zitronenlimonade, Fruchtsäfte

Tastknopf

Ein Knopf wird aus der Knopfschachtel ausgesucht, zum Tastknopf erklärt und von allen Mitspielern gründlich betrachtet und abgetastet. Dann setzen sich alle um den Tisch herum, schließen fest die Augen und halten ihre Hände unter dem Tisch. Der Spielleiter gibt nun nach und nach insgesamt zehn Knöpfe an den ersten Spieler, der sie nach genauem Betasten seinem Nachbarn reicht usw. Ist auch der letzte Knopf herumgewandert, darf jeder seine Augen öffnen und dem Spielleiter ins Ohr flüstern, der wievielte Knopf der Tastknopf war.

Materialien
Knöpfe oder Münzen (ausländische und eine deutsche Münze)

Das Kalenderpuzzle

Ein Kalender aus dem vergangenen Jahr mit je einer
Seite pro Monat ergibt für Kinder, die gerade die Monate
und deren Reihenfolge lernen, ein perfektes Puzzle. Die
Seiten werden aus dem Kalender getrennt, gut gemischt
und vom Kind wieder in die ursprüngliche Reihenfolge
von Januar bis Dezember gebracht.

Materialien
Alter Kalender (1 Seite pro Monat), Schere

Deckeln

Auf dem Tisch stehen etwa zehn unterschiedliche Gefäße
bereit, und daneben liegen deren Deckel. Gut geeignet
sind z. B. Marmeladegläser, Flaschen, Gefrierschälchen,
Kaffee- und Teekannen, Nuckelfläschchen, Kaffeedosen
etc. Die Aufgabe des Kindes besteht darin, für jeden
»Topf« den passenden Deckel zu finden.

Materialien
Gefäße mit Deckeln

Konzentrationsspiele

Die Leistungen eines Kindes hängen bekanntlich nicht nur von der Intelligenz, sondern selbstverständlich auch davon ab, wie die Arbeit angepackt wird. Und hier spielt speziell die Konzentration eine wichtige Rolle. Wer abgelenkt ist, verliert leicht den Faden und kann eine Aufgabe entweder garnicht oder nur mit Mühe zu Ende bringen. Unkonzentriertheit ist in vielen Fällen die Ursache für schlechte Noten und Verhaltens-

auffälligkeiten. Konzentrationsstörungen haben oft zu tun mit mangelndem Interesse, Über- oder Unterforderung, Reizüberflutung, seelischen Belastungen, schlechter körperlicher Verfassung bzw. schlechten Arbeitsbedingungen, keinen oder zu kurzen Entspannungsphasen – um nur einige zu nennen. Erst wenn derartige Probleme gelöst sind, hat ein Kind die richtigen Grundbedingungen für effektives Arbeiten. Sprechen Sie mit Ihrem Kind und zeigen Sie ihm Ihr Interesse.

Im Folgenden finden Sie sicher keine Anleitung zur Behandlung von unkonzentrierten Kindern, aber eine Reihe von Möglichkeiten, durch das Spiel die Konzentration zu steigern und auf Dauer zu stärken.

Vergessen Sie nie die Zauberkraft des Lobes! Lob steigert das Selbstwertgefühl, wirkt beruhigend und trägt dadurch wieder zur Konzentrationsfähigkeit bei. Vermeiden Sie es auch, Ihr Kind mit anderen Kindern zu vergleichen und ihm seine »Defizite« so vor Augen zu führen.

Ein Kind, das an Selbstsicherheit gewinnen soll, muss sich akzeptiert fühlen. Dann steigt auch die Bereitschaft, etwas zu verändern oder sich anzustrengen. Hat es dann den heiß ersehnten Erfolg, wird es von sich aus alles daransetzen, ihn zu wiederholen.

Memory

Aus einem Memoryspiel werden zwölf verschiedene Kärtchen aussortiert. Achten Sie darauf, dass die Abbildungen auf den Kärtchen auch von der Farbgebung her verschieden sind. Die Kärtchen werden in drei Reihen auf dem Tisch ausgelegt. Das Kind darf sie etwa 15 Sekunden lang betrachten, bevor die Kärtchen mit einem Tuch abgedeckt werden. Jetzt soll der Memoryspieler möglichst viele Bilder aus der Erinnerung beschreiben. Was war leicht, was war schwer zu merken? An wie viele Bilder konnte sich der Spieler erinnern? Natürlich gibt es mehrere Spielrunden mit anderen Memorykärtchen, in denen der Spieler versucht, seinen persönlichen Rekord noch zu überbieten.

Materialien

Memoryspiel oder alte Illustrierte, weiße Brief- oder Karteikarten, Schere, Klebstoff, 1 Tuch

Verwenden Sie zur Abwechslung Fotos von sich und der Familie. Das Kind beschreibt, was jeder anhat.

● Tip: Wer keine Memorykärtchen hat, schneidet Bilder aus einer Illustrierten aus und klebt sie auf weiße Brief- oder Karteikarten.

Der ellenlange Satz

Bei diesem Spiel wird von den Spielern ein ellenlanger Satz gebildet, und zwar so: Der erste Spieler sagt vielleicht »Paul«. Der nächste Spieler fügt ein Wort an, z. B. »Paul geht«. Der dritte Spieler fügt an »Paul geht montags« – usw., bis schließlich ein Satz wie »Paul geht montags meistens langsam und mit blassem Gesicht in die Schule, weil er nur sehr selten am Wochenende seine Hausaufgaben macht« herauskommt. Puh! Wer da bis zum Ende mithalten kann, verdient größte Anerkennung.

Tastkärtchen

Jede Art von »Handarbeit«, also z. B. flechten, ausschneiden oder falten, fördert die Konzentration. Daher sind bereits die Vorbereitungen zu diesem Spiel eine sehr gute Übung.

Ein Stück Pappe wird in viele, etwa bierdeckelgroße Pappkarten zerschnitten. Dann schneidet man eine Schnur in verschieden lange Stückchen und klebt sie auf die Pappe. Was dabei entsteht, ob Muster oder Buchstaben, Zahlen oder richtige kleine Bilder, bleibt jedem Bastler selbst überlassen. Hat man etwa 20 verschiedene Kärtchen hergestellt, beginnt das Spiel. Jeder fischt sich mit geschlossenen Augen ein Kärtchen heraus, tastet es sorgfältig ab und beschreibt den Mitspielern, was die Finger da »begreifen«.

Die Tastkärtchen können auch mit unterschiedlichen Materialien beklebt werden: Watte, Sand, Federn, Körnern, Stoff usw.

Materialien
Pappe, Schere, lange Schnur, Klebstoff

● Tip: Überlegen Sie mit dem Kind, welche Dinge eingekauft werden sollen. Wiederholen Sie die Dinge mehrmals, und gehen Sie dann mit dem Kind, aber ohne Einkaufszettel zum Einkaufen.

Die Kartenschlacht

Auf dem Tisch liegen wahllos durcheinander alle Karten eines Kartenspiels mit der Bildseite nach oben. Der Spielleiter nennt jetzt eine beliebige Karte, z.B. »Herzzehn«. Sofort müssen alle Mitspieler nach dieser Karte suchen. Wer zuerst auf die Karte deutet, darf sie behalten. So wird weitergespielt, bis nur noch fünf Karten übrig sind. Jetzt ist das Spiel zu Ende, und jeder zählt seine »Beutestücke«. Wer die meisten hat, ist Sieger. Haben zufällig zwei Spieler gleich viele Karten erbeutet, dürfen diese beiden zu einer letzten Entscheidungsrunde noch eine weitere Karte suchen.

Materialien
1 Kartenspiel

Ein Kartenspiel genügt
für die wilde Suche.

Namengebung

Alle Kinder, bis auf eines, sitzen im Kreis auf dem Boden. Das übrige Kind geht nun außen um den Kreis herum und nennt von jedem Kind, an dem es vorüberkommt, den Namen, also z.B. »Anja«, »Robin«, »Felix«, »Carolin« usw. Aber irgendwann einmal macht dieses Kind absichtlich einen Fehler und gibt einem der Kinder einen falschen Namen. Sagt es z.B. »Anja«, »Robin«, »Susanne«, so ist der Felix alarmiert. Schließlich heißt er nicht »Susanne«! Er steht sofort auf und rennt dem Kind hinterher, um es zu fangen, bevor es die entstandene Lücke im Kreis (also den Platz von Felix) erreicht. Gelingt es dem Kind, auf dem verwaisten Platz zu sitzen, bevor es von Felix eingeholt wird, darf es auf dem Platz sitzen bleiben, und der Felix geht jetzt langsam um den Kreis herum, die Namen der Mitspieler nennend. Dieses Spiel schult besonders gut die Aufmerksamkeit der Kinder!

Zierleisten

Auf kariertem Papier werden einfache Zierleisten vorgegeben, die das Kind dann mit einem dicken Buntstift fortführen und vollenden soll, z.B.:

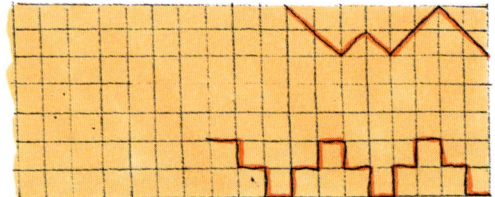

Materialien
Kariertes Papier, Stift

Der blinde Bankbeamte

Für Kinder ab acht Jahren.

Dieses Spiel dient gleichzeitig der Konzentration und dem Rechnen. Weil man dafür aber die Münzen schon gut kennen muss, ist es erst für Kinder ab etwa acht Jahren geeignet. Das Kind verschränkt seine Arme und legt den Kopf ins »Nest«. Die Augen sind geschlossen. Der Mitspieler wirft nun nacheinander drei (oder zwei oder vier) Münzen in eine Schachtel. Der Bankbeamte muss sehr gut aufpassen und hören, wie viele Münzen in die Schachtel fallen. Dann sagt der Mitspieler z.B.: »Ich habe 17 Pfennige.« Da das Kind drei Münzen hat fallen hören, knobelt und rechnet es schnell, welche Münzen wohl gefallen sind. In unserem Fall 10, 5, 2. Toll, wenn das Kind die Lösung herausbekommt! Jetzt werden die Rollen getauscht: Das Kind darf beliebig viele Münzen in die Schachtel fallen lassen, und der Mitspieler darf knobeln.

Materialien
Münzen, Pappschachtel

Rätsel im Karton

Ein leerer Eierkarton, der Platz für sechs Eier bieten würde, ist die Grundlage für dieses Konzentrationsspiel. Der Erwachsene sucht zuerst viele kleine Gegenstände zusammen, z. B. Legosteine, Erbsen, Streichhölzer, Pfennigstücke, Zuckerwürfel, Spielsteine, Wattebällchen usw., und verteilt die Dinge so, dass sich in jeder Mulde des Eierkartons vier Dinge befinden, jedoch nur ein Gegenstand in allen sechs Mulden.

Die Eier aus der Schachtel werden hart gekocht, mit Klebstoff bestrichen und anschließend über kunterbunte Papierschnitzel gerollt. Das Papier noch etwas andrücken, und fertig sind die lustigen Brotzeiteier.

Die Erbse wäre in diesem Fall des Rätsels Lösung.
Sie ist der einzige Gegenstand, der in allen sechs Mulden liegt.

Materialien
1 Eierkarton für 6 Eier; kleine Gegenstände, die in die Mulden passen

Doppelt gemoppelt

Nimm in jede Hand einen Stift, und male auf ein Zeichenblatt gleichzeitig mit beiden Händen den gleichen Gegenstand! Was dabei herauskommt, ist interessant: Das Bild, das mit der gewöhnten »Schreibhand« gemalt wurde, ist deutlich erkennbar, das Bild daneben ein abstraktes Abbild davon, meistens größer und auf seine Weise genauso sehenswert.

Materialien
2 Farbstifte, Zeichenblatt

Die Unvollendeten

Mehrere kleine Bildchen werden vorgegeben, z.B. eine Frau, ein Käfer, ein Gesicht usw. Und jedem Bild fehlt ein wichtiges Detail: Der Frau fehlt beispielsweise ein Arm, dem Käfer ein Fühler, dem Gesicht die Nase usw. Das Kind betrachtet die Bilder genau, gibt an, was fehlt, und darf die fehlenden Teile in den Zeichnungen ergänzen. *Variation:* Auf kariertem Papier wird die Hälfte eines symmetrischen Tieres bzw. Gegenstandes vorgegeben, und das Kind ergänzt die zweite Hälfte.

Materialien
Zeichenblatt, Stift

Mit etwas Geduld ergibt es ein vollständiges Bild.

● Tip: Beim Puzzlen ist gleichmäßige Konzentration über einen längeren Zeitraum gefordert. Kleine Erfolgserlebnisse, wenn wieder ein Teilchen eingepasst werden kann, motivieren zum Weiterarbeiten.
Aber Vorsicht! Das Puzzle muss dem Entwicklungsstand des Kindes angepasst sein. Lieber unterfordern als überfordern, sonst ist der Spaß schnell vorbei.

Halbe Bilder

Aus alten Illustrierten werden mehrere große Bilder
ausgeschnitten, z. B. ein Schmetterling, eine Blume,
ein Auto von vorn fotografiert, ein Baum etc. Dann klebt
man die Hälfte jedes Bildes auf ein Blatt Zeichenpapier.
Das sieht dann etwa so aus:

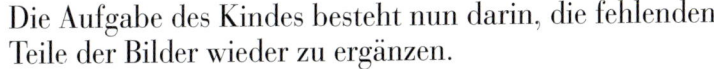

Die Aufgabe des Kindes besteht nun darin, die fehlenden
Teile der Bilder wieder zu ergänzen.

Wer findet die passende Ergänzung?

Materialien
Alte Illustrierte, Schere, Klebstoff, Zeichenblatt

● Tip: Auch große symmetrische Zahlen und Buchstaben
eignen sich für dieses Lernspiel!
Für ältere Kinder können auch Fotos von Hund oder
Katze, Papa, Mama, Onkel und Tante längs oder quer
halbiert werden. Und wenn dann der Papa den Rock von
der Tante anhat, kann etwas nicht stimmen.

Mit viel Fingerspitzengefühl.

Achtung, Einsturzgefahr

Einem Spieler werden die Augen verbunden. Er soll nun aus Bauklötzen (Münzen, Streichholzschachteln) einen möglichst hohen Turm bauen. Für jeden verbauten Klotz wird ihm ein Punkt gutgeschrieben. Stürzt der Turm aber vorzeitig ein, geht der Baumeister leer aus, und der nächste Spieler ist an der Reihe. Darum ist es besser, rechtzeitig aufzuhören. So werden reihum immer wieder neue Türmchen gebaut, bis ein Spieler 50 Pluspunkte auf seiner Bausparkasse hat und zum Sieger erklärt wird.

Materialien
Handliche Gegenstände aus dem Haushalt, 1 Tuch

Das Naturmemory

Ein Spieler breitet auf dem Boden etwa fünf bis zehn verschiedene Naturgegenstände aus, z. B.: einen kleinen Zapfen, ein Eichenblatt, ein Steinchen usw. Der Mitspieler bekommt eine Minute Zeit, sich die Dinge und deren genaue Anordnung einzuprägen, bevor der erste Spieler ein Tuch über die Gegenstände breitet. So, jetzt soll der Spielpartner die gleichen Naturgegenstände in der gleichen Anordnung auslegen. Meint er, dass er die Aufgabe erfüllt hat, deckt der andere Spieler sein Naturmemory wieder auf, und beide Spieler vergleichen.

Materialien
Gegenstände aus der Natur

Der Kompass

Kleine Schatzsucher lehrt
man den Umgang mit dem
Kompass am schnellsten,
wenn man ihnen eine
Schatzkarte übergibt
mit einer Beschreibung,
z.B.: »Gehe vom Apfel-
baum drei Schritte nach
Osten, vier kleine Schritte
nach Norden, wende dich
dann nach Süden und gehe
bis zum ersten Baum« usw.

Natürlich muss am Ende des beschwerlichen Weges auch
ein klitzekleiner Schatz zu finden sein!

Wo hat der Seeräuber

seinen Schatz vergraben?

Materialien
Notizpapier, Stift, Kompass

Links und rechts und geradeaus

Wenn das Kind diese Begriffe schon gut beherrscht, darf
es das Auto z.B. von zu Hause bis zum Kindergarten
»fernsteuern«.
Das Kind gibt die Kommandos, z.B. »An der Kreuzung
links abbiegen!«, und der Fahrer befolgt die Anweisungen genau.
Besonders aufregend wird es, wenn sich der Fahrer durch
ein falsches oder fehlendes Kommando »verfährt« und
der Weg zum Kindergarten dadurch besonders schwierig
wird.
Das Spiel macht aber nur dann Spaß, wenn wenig Ver-
kehr ist und man ausreichend Zeit zur Verfügung hat.

Spaziergang für Formenentdecker

Wenn ein Kind die ersten Formen Kreis, Quadrat, Dreieck und Rechteck unterscheiden kann, wird es höchste Zeit für einen Extraspaziergang, um diese Formen auch in der Nachbarschaft zu entdecken.

Da gibt es also z. B. die Verkehrsschilder, Fähnchen und Wimpel, Räder, Häuser und Hausdächer, Fenster, Türen, Briefkästen, Plakate u. v. m.

Ältere Kinder brauchen nur mal um ein Auto oder einen Laster herumgehen und entdecken noch viele Formen mehr: ein Trapez, einen Kreisring, eine Raute und ein Parallelogramm.

● Tip: Singen und musizieren, ganz besonders im Kanon, fördert ebenfalls die Konzentration.

Auf einer dem Kind gut bekannten Fahrstrecke, z. B. vom Kindergarten nach Hause, zwickt das Kind die Augen fest zu, und der Fahrer fragt an bestimmten, durch Bäume o. Ä. markierten Stellen: »Wo sind wir jetzt?« Sie werden staunen, wie treffend die Antworten sind!

Bilderdetektiv

Je nach Alter des Kindes sucht man aus Bilderbüchern oder Illustrierten ein Bild aus. Dieses Bild darf das Kind etwa drei Minuten lang intensiv betrachten.
Dann nimmt der Spielpartner das Bild an sich und stellt Fragen, wie z.B.:

- Wie viele Frösche sind im Bild zu sehen?
- Welche Farbe hat das Kleid des Mädchens?
- Was betrachtet der kleine Junge?

Nach diesem reinen Abfragen kann man auch weitere Fragen stellen zum Geschehen bzw. zur Weiterentwicklung der abgebildeten Szene, wie z.B.:

- Welche Person freut sich gerade?
- Woran kannst du das erkennen?
- Was wird der Junge wohl gleich tun?

Variation: Ganz ähnlich kann man auch im Wartezimmer des Kinderarztes, im Restaurant, am Fahrkartenschalter und ähnlichen Plätzen die Wartezeit vertreiben.
Ein Spieler schaut sich gründlich um und versucht, sich möglichst viele Einzelheiten einzuprägen. Dann schließt er die Augen, und die anderen stellen – je nach Alter des »Blinden« – Fragen, wie z.B.:

- Wie viele Leute sind außer uns noch im Raum?
- Wie viele Bilder hängen an der Wand?

Materialien
Bilderbuch, Illustrierte

- Tip: In Kinderzeitungen und Rätselheften finden sich oft nette Doppelbilder, bei denen das Kind durch sehr genaues Betrachten Unterschiede herausfinden soll. Auch diese Aufgaben eignen sich prima, die Konzentrationsfähigkeit des Kindes zu steigern.

Etwas lange und genau zu betrachten bedeutet auch, sich darauf emotional einzulassen. Legen Sie doch einmal im Urlaub den Fotoapparat beiseite, und malen Sie mit Ihren Kindern zusammen ein Haus, eine Brücke, das Meer. Sie werden diese Eindrücke lange nicht vergessen.

Lesen, lachen, lernen

Der Weg zum Lesen führt übers Geschichtenerzählen und Vorlesen. Beim Vorlesen erwacht die Phantasie, die Figuren werden lebendig, und nicht selten behaupten Kinder, sogar Geräusche und Gerüche wahrzunehmen. Sie identifizieren sich mit den Helden sogar so, dass sie Geschichten, die sie öfter hören, nahezu wortwörtlich nacherzählen können.

Wem also vorgelesen wird, wer den Geschichten in ruhiger, gemütlicher Atmosphäre lauschen darf, der hat die besten Chancen, selbst ein guter Leser zu werden.

Aber da ist auch noch – wie in allen anderen Erziehungsbereichen – die Macht des Vorbildes. Ein Kind, das immer wieder erlebt, dass die Eltern ein Buch zur Hand nehmen, statt fernzusehen, wird von sich aus ganz selbstverständlich auch zum Buch greifen.

Aber Vorsicht! Den meisten Fällen von Leseunlust liegt eine Überforderung des Kindes zugrunde. Deshalb immer zuerst kurze, leichte, fröhliche Texte aussuchen! Ein Witzebuch hat schon viele »Nichtleser« zum Lesen ermutigt. Die Vorteile sind klar: Die Texte sind kurz und enden mit einer Belustigung des kleinen Lesers.
Gleich noch ein Witz? Warum nicht!

Das vorangegangene Erlebnis ermutigt ihn zum nächsten usw. Nach dem gleichen Prinzip klappt das Lesen von »Rekordbüchern« (z.B. das Guinessbuch der Rekorde). Das Kind liest wenige Zeilen und staunt. Toll! Gleich noch den nächsten Rekord lesen usw.

Wenn Sie einen Kassettenrekorder oder sogar eine Videokamera haben, werden aus langweiligen Leseübungen richtige Radio- oder Fernsehbeiträge. Da gibt es eine Nachrichtensendung mit lauter lustigen und unsinnigen Meldungen, und eine spannende Geschichte wird mit verteilten Rollen oder verstellter Stimme gelesen. Dazu noch etwas Musik, und fertig ist das Geburtstagsgeschenk für Oma oder Opa.

Besonders wirkungsvoll ist dieses erste Lesen natürlich, wenn Eltern ihr Interesse am Lesestoff zeigen und ihrerseits jetzt mit Spannung den nacherzählten oder vorgelesenen Witzen, Rekorden, Anekdoten, Rätseln, Reimen usw. lauschen.

Lippenlesen

Einer spricht ganz deutlich, jedoch unhörbar einen kurzen Satz. Der Spielpartner passt sehr genau auf und versucht, die Botschaft von den Lippen abzulesen. Was er verstanden hat, wiederholt er laut. Hat der Spielpartner den Satz richtig wiedergegeben, darf er nun die nächste »Lippenbotschaft« vorgeben.

Luftwörter

Einer schreibt Buchstabe für Buchstabe ein Wort in die Luft, und die anderen passen gut auf, um als Erster das Wort laut »vorzulesen«. Wer als Erster richtig gelesen hat, darf das nächste Wort in die Luft schreiben. Gibt ein Erwachsener das Wort vor, so sollte er es in Spiegelschrift schreiben, damit sich das Kind nicht an spiegelverkehrte Buchstaben gewöhnt. Gibt ein Kind das Wort vor, sollten sich die anderen Kinder zum Lesen hinter den Schreiber stellen.

Auch Phantasien zu neuen Wörtern sind erlaubt.

● Tip: Geschichten vorlesen
Lesen Sie sich, wenn irgend möglich, die Geschichte selbst einmal durch. Es ist so viel Schund unter den Kindergeschichten, dass man sein Kind wirklich davor schützen sollte. Dies gilt auch für Kinderkassetten! Unterstreichen Sie die Wörter, die Ihrem Kind vermutlich nicht oder nur schwer verständlich sind. Erklären Sie diese schwierigen Wörter, bevor Sie anfangen, die Geschichte zu lesen. Denn später wirkt eine Unterbrechung störend auf den Lesefluss. Stellen Sie das unbekannte Wort am besten in einen Satz, und lassen Sie das Kind überlegen, was das neue Wort wohl bedeuten könnte. Stoppen Sie das Vorlesen an einer geeigneten Stelle, und lassen Sie das Kind vermuten, wie die Geschichte weiter-

gehen soll. Stellen Sie Fragen zu der Geschichte, z.B.:
»Wie heißt Sabrinas Freund?«, »Warum kam die Oma
so spät?« usw.
Erzählen Sie die gleiche Geschichte ruhig mehrmals –
Kinder lieben Wiederholungen und brauchen diese meistens auch zum Sinnverständnis bzw. zur Verarbeitung
des Gehörten.
Falls Ihr Kind Spaß daran hat, regen Sie es an, ein Bild
zu malen.

Kinder lieben es, ein und dieselbe
Geschichte immer wieder zu hören.

Buchstabenwanderung

Während des Wanderns ruft plötzlich jemand laut einen
Buchstaben aus, z.B. A. Sofort bleiben alle stehen und
betrachten intensiv die Gegend. Wer sieht zuerst ein Tier
oder einen Gegenstand mit dem Buchstaben A?
Wer ein passendes Wort nennt, z.B. »Ameise« oder
»Ahorn«, darf nach einer Weile, in der weitergegangen
wurde, den nächsten Buchstaben ausrufen, z.B. K.

C, Q, X und Y
dürfen ausgelassen werden.

Allererster Lesespaß

Kinder, die noch nicht lesen können, »lesen« für ihr Leben gern. Schreiben Sie in großen Druckbuchstaben pro Zeile drei kurze Wörter und eines davon doppelt, z. B.:

Baum – Apfel – Korb – Baum

Das Kind soll die beiden Zwillingswörter herausfinden und einkreisen.

● Tip: Es gibt von verschiedenen Verlagen Bücher, bei denen die illustrierbaren Namenwörter durch Bilder ersetzt sind, z. B.:

Vor dem *Haus* steht ein *Baum*. Der *Hase* frisst eine *Möhre*. Lesen Sie gemeinsam mit dem Kind diese Geschichten. Sie lesen die Wörter, das Kind »liest« die Bilder.

Materialien
Zeichenblatt, Stift

Wer genug gelesen hat, stellt die fehlenden Wörter pantomimisch dar. Auf diese Weise eignet sich das Spiel auch für Kindergruppen, denn wer richtig rät, darf den nächsten Satz »spielen«.

Lesetricks

Ein »lesefaules« Kind liest gleich viel lieber, wenn:

- Man ihm erlaubt, eine halbe Stunde später das Licht auszumachen und diese Zeit nur mit Lesen zu verbringen
- Man ihm sehr kurze, lustige Geschichten zu lesen gibt (kaufen Sie ein Kinderwitzebuch)
- Man ihm erlaubt, das laute Lesen mit einem Kassettenrekorder aufzunehmen
- Es der kleinen Schwester, der kranken Oma oder einem anderen »Hilfsbedürftigen« vorlesen darf und dabei selbst erkennt, wie wichtig das Lesen ist
- Man ihm eine Geschichte bis zu einer besonders spannenden Stelle vorliest und das Kind dann selber weiterlesen lässt

Sprechen Sie langsam, und deuten Sie auf das Wort, das Sie gerade lesen, dann erkennt es Ihr Kind bald selbst.

Wichtig:

Zwingen Sie Ihre Kinder

nicht zum Lesen!

Materialien
Geschichtenbuch, Kinderwitzebuch, Kassettenrekorder

Formulare

Viele Erwachsene sind unfähig, ein Formular richtig auszufüllen. Warum? Weil sie es nie gelernt haben!
Deshalb sollte man unbedingt jede Gelegenheit, z. B. auf Bank oder Postamt, ausnützen und für das Kind ein paar Blankoformulare mitnehmen. Zu Hause kann man ganz in Ruhe das Ausfüllen lernen. Besonders nett ist es, wenn es sich dabei um lustige Dinge handelt, wie z. B. dem Goldhamster eine Million Mark überweisen oder für Kater Carlo ein Fernsehgerät anmelden.

Materialien
Formulare und Vordrucke

Geheimbotschaft

Erstleser staunen über eine Geheimbotschaft in Spiegel-schrift. Erst wenn man sich mit dem Zettel vor den Spiegel stellt, kann man die Botschaft entziffern.

Materialien
Notizpapier, Stift, Spiegel

Für kleine Detektive und Abenteurer.

Die Schatzsuche

Wie bekommt man ein total leseunlustiges Kind dazu, doch zu lesen? Hier der »ultimative« Trick:
Schreiben Sie in sauberen Druckbuchstaben eine An-weisung, um an einen verborgenen Schatz zu kommen.

Die Route des »Schatzgräbers« kann ihn nur durch die Wohnung oder (noch interessanter) auch ins Freie führen, z. B.:
1. Gehe von der Haustür aus zehn Schritte geradeaus!
2. Begib dich zum Baum, der links vor dir steht.
3. Gehe nun fünf Schritte nach rechts!
4. Begib dich zum nächsten Busch!
5. Suche unter dem Busch!
Unter dem Busch ist dann ein kleiner Preis für den Schatzfinder versteckt. Natürlich kann man die nächste Schatzsuche durch mehr Anweisungen noch spannender gestalten.

Genaues Lesen führt zum Ziel.

Materialien
Notizpapier, Stift

Buchstabensuppe

Ein Spieler überlegt sich ein beliebiges Wort mit höchstens acht Buchstaben. Die schreibt er kreuz und quer auf einen Zettel und bietet diesen dann dem Spielpartner zum Knobeln an. Hat der das Wort herausbekommen, darf er »Buchstabensuppe« zubereiten.

Materialien
Notizpapier, Stift

Eine Mahlzeit für den Kopf.

● Tip: Buchstaben aus einem Setzkasten oder auch ein Scrabblespiel eignen sich prima für dieses Spiel.

Lesen für Nachtgespenster

Wenn das Kind schon im Bett liegt, werden die Lichter gelöscht und die Vorhänge zugezogen, damit es ganz dunkel im Raum ist.
Der Erwachsene »malt« nun mit dem Lichtkegel einer Taschenlampe eine Zahl, einen Buchstaben oder ein Zeichen an die Zimmerdecke, und das Kind »liest« diese Geisterschrift. Später können auf die gleiche Weise auch Silben, z. B. »BA-RO-LU«, und ganz kurze Wörter, wie »BAD«, »KLO«, »RAD«, »TOR« usw., an der Zimmerdecke erscheinen.

Materialien
Taschenlampe

Der Bücherwurm

Ein Bücherwurm besteht aus vielen Einkaufszetteln, die man an der Kasse im Supermarkt erhält. Immer wenn das Kind ein Buch gelesen hat, wird der Titel auf die Rückseite eines Zettels geschrieben und der Bücherwurm um dieses Stück verlängert. So wächst der Bücherwurm von einem Buch zum nächsten.

Materialien
Alte Kassenzettel, Klebstoff

Silben klatschen

Einer sagt ein Wort, die anderen klatschen die Silben, z.B.: »Katrin« wird »zerklatscht« in »Kat-rin«, »Benedikt« in drei Silben, also »Be-ne-dikt«. So werden abwechselnd Wörter und später Sätze vorgegeben und geklatscht, bis das Kind einigermaßen sicher geworden ist.

Die Taschenrechnerschreibmaschine

Dass ein Taschenrechner prima rechnen kann, weiß jedes Kind. Aber das Ding kann ja auch Wörter schreiben! Dreht man nämlich den Taschenrechner um, wird aus einer 3 ein E, aus einer 7 ein L, aus der 8 wird ein B, aus der 5 ein S. Die 1 gilt als I und die 0 als O. Aber Achtung: Die Buchstaben müssen von hinten nach vorn eingegeben werden, also der letzte Buchstabe des Wortes als Erster, usw. Das Kind darf die Wörter lesen, z.B. »ESEL« (7353) oder »LOS« (507).

Materialien
Taschenrechner

Kleine Briefchen

Kinder im ersten Lesefieber freuen sich über kleine Briefchen mit einem lieben Satz oder einer Neuigkeit, einem Witz oder was einem sonst gerade einfällt. Die »Briefchen« schreibt man am besten auf »Post-it«-Zettelchen und klebt sie zur Überraschung des Empfängers z.B. auf die Verpackung vom Pausenbrot.
Achtung: Die Briefe anfangs nur in gut lesbarer Druckschrift schreiben!

Materialien
Stift, selbstklebende Zettelchen (»Post-it« o.Ä.)

Mit den Fingern lesen

Ein Kind wartet mit verbundenen Augen ganz gespannt, bis der Spielpartner ein kurzes Wort aus Buchstabenkeksen auf den Tisch gelegt hat, z.B.:

Ganz vorsichtig tastet der Fingerleser die Buchstaben ab. Kann er das Wort lesen? Die Kekse dürfen dann aufgegessen werden.

Variation: Anstatt mit Buchstabenkeksen kann das Spiel auch mit Buchstaben aus Holz gespielt werden.

Materialien
Buchstabenkekse oder Holzbuchstaben, 1 Tuch

Diese Wörter haben Kinder zum Fressen gern.

93

Die Schreibmaschine

Eine alte Schreibmaschine, z. B. vom Flohmarkt, kann Vorschulkinder stundenlang beschäftigen.
Da kann man z. B. lauter Buchstabenquatsch zusammentippen und Mama oder Papa vorlesen lassen.

Man sucht die Buchstaben heraus, die sich ähnlich sehen, z. B. N und M; P und R; O und Q…
Man versucht, seinen Vornamen und andere Wörter nach Vorlage zu schreiben u.v.m.

Materialien
Schreibmaschine, DIN-A4-Papier

Am Ende wird der ganz mit Wörtern voll geschriebene Bogen systematisch zerschnitten und neu zusammengesetzt. Da ergeben sich die seltsamsten Wortkreationen.

Über die Autorin

Almuth Bartl ist Pädagogin mit langjähriger Berufserfahrung, Leiterin verschiedener Kinder- und Jugendgruppen und Autorin zahlreicher Kinderbeschäftigungsbücher sowie pädagogischer Fachbücher. Seit Jahren entwickelt sie erfolgreich Lernspiele für Kindergarten, Vorschule und Schule.

Hinweis

Das vorliegende Buch ist sorgfältig erarbeitet worden. Dennoch erfolgen alle Angaben ohne Gewähr. Weder Autorin noch Verlag können für eventuelle Nachteile oder Schäden, die aus den im Buch gemachten praktischen Hinweisen resultieren, eine Haftung übernehmen.

Anmerkung der Redaktion

Sie haben sicher gemerkt, dass wir diesem Buch die neuen amtlichen Rechtschreibregeln zu Grunde/zugrunde gelegt haben.

Impressum

© 1997 Südwest Verlag GmbH & Co. KG, München. Alle Rechte vorbehalten.
Nachdruck – auch auszugsweise – nur mit Genehmigung des Verlages.
Redaktion: Michaela Breit
Projektleitung: Ernst Dahlke
Illustrationen: Gisela Dürr
Umschlag/Layout: Till Eiden
DTP/Satz: Reiner Löb
Produktion: Manfred Metzger
Druck: Color-Offset, München
Bindung: R. Oldenbourg, München
Printed in Germany
Gedruckt auf chlor- und säurearmem Papier
ISBN 3-517-01921-6

Register